GRAMMAIRE
LATINE
DE LHOMOND,

A L'USAGE

DES COLLÉGES ET DES INSTITUTIONS,

AVEC UNE MÉTHODE DE FAIRE L'ANALYSE LATINE,

PAR

Charles-Constant LE TELLIER,

Professeur de Belles-Lettres.

NOUVELLE ÉDITION, REVUE ET CORRIGÉE.

LONS-LE-SAUNIER,

CHEZ ESCALLE ET COMPAGNIE, LIBRAIRES.

—

M D CCC XXVI.

LONS-LE-SAUNIER, IMPRIMERIE DE FRÉDÉRIC GAUTHIER.

ÉLÉMENS
DE LA
GRAMMAIRE LATINE.

PREMIÈRE PARTIE.

Il y a en latin neuf sortes de mots, le *Nom*, l'*Adjectif*, le *Pronom*, le *Verbe*, le *Participe*, l'*Adverbe*, la *Préposition*, la *Conjonction* et l'*Interjection*.

PREMIÈRE ESPÈCE DE MOTS.
LE NOM.

Le *nom* est un mot qui sert à nommer une personne ou une chose, comme *Pierre, Paul, livre, chapeau*.

Il y a dans les noms deux nombres, le *singulier*, quand on parle d'une seule personne ou d'une seule chose : ainsi *un homme, une rose*, sont au nombre *singulier*; le *pluriel*, quand on parle de plusieurs personnes ou de plusieurs choses : ainsi *les hommes, les roses*, sont au nombre *pluriel*.

En latin, le nom change sa dernière syllabe: ainsi *rosa* fait *rosæ, rosam, rosarum, rosis, rosas;* ces différentes manières de finir un nom, s'appellent cas.

Il y a en latin six *cas*, savoir : le *nominatif*, le *génitif*, le *datif*, l'*accusatif*, le *vocatif* et *l'ablatif*. Quand on écrit ou récite de suite les six cas d'un nom, cela s'appelle *décliner*. Il y a en latin cinq *déclinaisons* différentes, que l'on distingue par le génitif singulier et le génitif pluriel.

PREMIÈRE DÉCLINAISON.

La première déclinaison a le génitif singulier en *æ*, et le génitif pluriel en *arum*.

NOMBRE SINGULIER.

Nominatif, f.	Ros	a,	*la rose.*
Génitif,	Ros	æ,	*de la rose.*
Datif,	Ros	æ,	*à la rose.*
Accusatif,	Ros	am,	*la rose.*
Vocatif,	ô Ros	a,	*ô rose.*
Ablatif,	Ros	â,	*de la rose.*

NOMBRE PLURIEL.

Nominatif,	Ros	æ,	*les roses.*
Génitif,	Ros	arum,	*des roses.*
Datif,	Ros	is,	*aux roses.*
Accusatif,	Ros	as,	*les roses.*
Vocatif,	ô Ros	æ,	*ô roses.*
Ablatif,	Ros	is;	*des roses.*

Ainsi se déclinent tous les noms dont le génitif singulier est en *æ*, et le génitif pluriel en *arum*.

Musa	sæ,	*la muse.*	Hora ræ,	*l'heure.*
Mensa	sæ,	*la table.*	Statua tuæ,	*la statue.*
Porta	tæ,	*la porte.*	Herba bæ,	*l'herbe.*
Fabula	læ,	*la fable.*	Pagina næ,	*la page.*

Plusieurs noms féminins en *a*, ont le datif et l'ablatif pluriel en *abus*.

Famula, *la servante*, famulabus. | Asina, *l'ânesse*, asinabus.
Anima, *l'âme*, animabus. | Mula, *la mule*, mulabus.
Dea, *la déesse*, deabus. | Nata, *la fille*, natabus.
Filia, *la fille*, filiabus. | Domina, *la maîtresse*, dominabus.
Equa, *la jument*, equabus. |

de Lhomond.

Par cette terminaison en *abus*, l'on distingue ces noms féminins des noms masculins qui y répondent, *famulus*, *animus*, *Deus*, *filius*, etc.

Il y a des noms de la première déclinaison, dont le nominatif est en *e*, qui font au génitif singulier *es*, et à l'accusatif *en*, comme :

Singulier.

Nominatif, f.	Music e,	*la musique.*
Génitif,	Music es,	*de la musique.*
Datif,	Music æ,	*à la musique.*
Accusatif,	Music en,	*la musique.*
Vocatif,	ô Music e,	*ô musique.*
Ablatif,	Music e,	*de la musique.*

Déclinez de même *Cybèle les*, Cybèle; *Penelope pes*, Pénélope; *Grammatice ces*, la Grammaire; *Rhetorice ces*, la Rhétorique; *Physice ces*, la Physique; *Epitomemes*, l'Abrégé, etc.

Il y a des noms dont le nominatif est en *es*, qui font au génitif *æ*, et à l'accusatif *en*, comme :

Singulier.

Nominatif, m.	Comet es,	*la comète.*
Génitif,	Comet æ,	*de la comète.*
Datif,	Comet æ,	*à la comète.*
Accusatif,	Comet en,	*la comète.*
Vocatif,	ô Comet e,	*ô comète.*
Ablatif,	Comet e,	*de la comète.*

Ainsi se déclinent :

Anchises æ,	*Anchise.*	Alcides æ,	*Hercule.*
Philoctetes æ,	*Philoctète.*	Pelides æ,	*Achile.*

Enfin, il y a des noms dont le nominatif est en *as*, qui font à l'accusatif *an*, comme :

Nominatif, m.	Æne as,	*Enée.*
Génitif,	Æne æ,	*d'Enée.*
Datif,	Æne æ,	*à Enée.*
Accusatif,	Æne an,	*Enée.*
Vocatif,	ô Æne a,	*ô Enée.*
Ablatif,	Æne â	*d'Enée.*

Déclinez de même :

Jonathas æ,	Jonathas.	Andreas æ,	André.
Boreas æ,	la bise.	Thiaras æ,	la tiare.

Le pluriel de tous ces noms se décline comme *rosæ*, *rosarum* ; mais les noms propres n'ont point de pluriel.

REMARQUE. Le nom *familia*, fait aussi au génitif *familias* ; un père de famille, *pater-familias* ; un fils de famille, *filius-familias*.

SECONDE DÉCLINAISON.

La seconde déclinaison a le génitif singulier en *i* et le génitif pluriel en *orum*.

SINGULIER.

Nom.	m.	Domin us,	le Seigneur.
Gén.		Domin i,	du Seigneur.
Dat.		Domin o,	au Seigneur.
Acc.		Domin um,	le Seigneur.
Voc.		ô Domin e,	ô Seigneur.
Abl.		Domin o,	du Seigneur.

PLURIEL.

Nom.	Domin i,	les Seigneurs.
Gén.	Domin orum,	des Seigneurs.
Dat.	Domin is,	aux Seigneurs.
Acc.	Domin os,	les Seigneurs.
Voc.	ô Domin i,	ô Seigneurs.
Abl.	Domin is,	des Seigneurs.

Ainsi se déclinent tous les noms dont le génitif singulier est en *i*, et le génitif pluriel en *orum*, comme :

Hortus ti, *le jardin*.
Lupus pi, *le loup*.
Populus li, *le peuple*.
Cervus vi, *le cerf*.

Corvus vi, *le corbeau*.
Avus vi, *le grand-père*.
Asinus ni, *l'âne*.
Capillus li, *le cheveu*.

NOMS de la seconde Déclinaison qui ont le nominatif singulier en *er* ; dans ces noms, le vocatif est semblable au nominatif.

SINGULIER.

Nom.   m. Pu er,   *l'enfant.*

Gén.	Pu eri,	de l'enfant.
Dat.	Pu ero,	à l'enfant.
Acc.	Pu erum,	l'enfant.
Voc.	ô Pu er,	ô enfant.
Abl.	Pu ero,	de l'enfant.

PLURIEL.

Nom.	Pu eri,	les enfans.
Gén.	Pu erorum,	des enfans.
Dat.	Pu eris,	aux enfans.
Acc.	Pu eros,	les enfans.
Voc.	ô Pu eri,	ô enfans.
Abl.	Pu eris,	des enfans.

Ainsi se déclinent :

Magister tri, *le maître.* | Liber bri, *le livre.*
Aper pri, *le sanglier.* | Vir viri, *l'homme.*

Il y a des noms de la seconde Déclinaison qui ont le vocatif en *i*, comme :

SINGULIER.

Nom.	m. Fil ius,	le fils.
Gén.	Fil ii,	du fils.
Dat.	Fil io,	au fils.
Acc.	Fil ium,	le fils.
Voc.	ô Fil i,	ô fils.
Abl.	Fil io.	du fils.

Le pluriel comme Do*mini*, Do*minorum*.

Déclinez de même : Genius, *le génie*, et les noms propres en *ius* ; Antonius ii, *Antoine* ; Horatius ii, *Horace* ; Pompeius peii, *Pompée*, Virgilius ii, *Virgile*.

Les noms Deus, agnus et chorus, ont le vocatif semblable au nominatif.

SINGULIER.

Nom.	m. De us,	Dieu.
Gén.	De i,	de Dieu.
Dat.	De o,	à Dieu.

Acc.	De um,	Dieu.
Voc.	ô De us,	ô Dieu.
Abl.	De o,	de Dieu.

LE PLURIEL. (chez les paiens.)

Nom.	Di i,	les Dieux.
Gén.	De orum,	des Dieux.
Dat.	Di is,	aux Dieux.
Acc.	De os,	les Dieux.
Voc.	ô Di i,	ô Dieux.
Abl.	Di is,	des Dieux.

Nom de la seconde Déclinaison tiré du grec.

Nom.	m. Orph eus,	Orphée.
Gén.	Orph ei *et* Orph eos,	d'Orphée.
Dat.	Orph eo,	à Orphée.
Acc.	Orph eum, Orph eon, Orphea,	Orphée.
Voc.	ô Orph eu,	ô Orphée.
Abl.	Orph eo,	d'Orphée.

Déclinez de même Perseus, *Persée*; Theseus, *Thésée*; Morph us, *Morphée*.

Le vocatif se forme du nominatif, en supprimant la lettre *s*.

REMARQUE. Il y a en français deux genres, le genre *masculin* et le genre *féminin*. Les noms d'hommes sont du masculin, comme le grand père, *Avus*. Les noms de femmes sont du féminin, comme la fille, *filia* : ensuite par imitation, l'on a donné le genre masculin ou le genre féminin à des choses qui ne sont ni mâles ni femelles ; ainsi l'on a fait le jardin, *hortus*, du masculin ; la rose, *rosa*, du féminin. En latin, il y a un troisième genre, qu'on appelle *neutre*. Les noms qui ne sont ni du genre masculin, ni du genre féminin, sont du genre neutre.

Le genre de chaque nom est marqué ainsi dans le dictionnaire : *m.* pour le masculin, *f* pour le féminin, *n* pour le neutre.

SINGULIER.

Nom.	n. Templ um,	le temple.
Gén.	Templ i,	du temple.
Dat.	Templ o,	au temple.

Acc.	Templ um,	le temple.
Voc.	ô Templ um,	ô temple.
Abl.	Templ o,	du temple.

PLURIEL.

Nom.	Templ a,	les temples.
Gén.	Templ orum,	des temples.
Dat.	Templ is,	aux temples.
Acc.	Templ a,	les temples.
Voc.	ô Templ a,	ô temples.
Abl.	Templ is,	des temples.

Ainsi se déclinent tous les noms neutres dont le génitif singulier est en *i*, et le genitif pluriel en *orum*, comme :

Brachium	i,	le bras.	Vinum	i,	le vin.
Folium	i,	la feuille.	Collum	i,	le cou.
Bellum	i,	la guerre.	Exemplum	i,	l'exemple.
Vitium	i,	le vice.	Studium	i,	l'étude.
Arma,	orum,	les armes,	Vulgus	i,	le vulgaire ;
sans singulier.			sans pluriel.		

REMARQUE. *Locus i*, lieu, masculin au singulier, fait au pluriel *loca orum*, neutre; *cœlum i*, ciel, neutre au sing., fait au plur. *cœli orum*, masc.; *balneum i*, bain, neutr. au sing., fait au plur. *balneæ arum*, féminin de la première déclinaison.

TROISIÈME DÉCLINAISON.

La troisième Déclinaison a le génitif singulier en *is*, et le génitif pluriel en *um*.

SINGULIER.

Nom.	f.	Soror,	la sœur.
Gén.		Soror is,	de la sœur.
Dat.		Soror i,	à la sœur.
Acc.		Soror em,	la sœur.
Voc.		ô Soror,	ô sœur.
Abl.		Soror e,	de la sœur.

PLURIEL.

Nom.	Soror es,	les sœurs.

Grammaire latine

Gén.	Soror um,	des sœurs.
Dat.	Soror ibus,	aux sœurs.
Acc.	Soror es,	les sœurs.
Voc.	ô Soror es,	ô sœurs.
Abl.	Soror ibus,	des sœurs.

Ainsi se déclinent tous les noms masculins et féminins dont le génitif singulier est en *is*, et le génitif pluriel en *um*, comme :

Labor boris,	*le travail.*	Dolor loris,	*la douleur.*
Pater tris,	*le père.*	Mater tris,	*la mère.*
Virgo ginis,	*la jeune fille.*	Sermo onis,	*le discours.*
Homo minis,	*l'homme.*	Miles litis,	*le soldat.*

REMARQUE. Tous les cas se forment du génitif singulier, excepté le vocatif et le nominatif.

Nom neutre de la troisième Déclinaison.

SINGULIER.

Nom.	n Corpus,	le corps.
Gén.	Corpor is,	du corps.
Dat.	Corpor i,	au corps.
Acc.	Corpus,	le corps.
Voc.	ô Corpus,	ô corps.
Abl.	Corpor e,	du corps.

PLURIEL.

Nom.	Corp ora,	les corps.
Gén.	Corp orum,	des corps.
Dat.	Corp oribus,	aux corps.
Acc.	Corp ora,	les corps.
Voc.	ô Corp ora,	ô corps.
Abl.	Corp oribus,	des corps.

Ainsi se déclinent les noms neutres suivans :

Tempus poris, *le temps.*　　Olus leris, *le légume.*
Caput pitis, *la tête.*　　Pecus coris, *le troupeau.*
Lumen minis, *la lumière.*　　Pectus toris, *la poitrine.*
Nemu, moris, *le bois.*　　Vulnus neris, *la blessure.*

Singulier.

Nom.	f. Av is,	*l'oiseau.*
Gén.	Av is,	*de l'oiseau.*
Dat.	Av i,	*à l'oiseau.*
Acc.	Av em,	*l'oiseau.*
Voc.	ô Av is,	*ô oiseau.*
Abl.	Av e,	*de l'oiseau.*

Pluriel.

Nom.	Av es,	*les oiseaux.*
Gén.	Av ium,	*des oiseaux.*
Dat.	Av ibus,	*aux oiseaux.*
Acc.	Av es,	*les oiseaux.*
Voc.	ô Av es,	*ô oiseaux.*
Abl.	Av ibus,	*des oiseaux.*

Déclinez de même :

Nox noctis, *la nuit.*
Collis lis, *colline.*
Mons tis, *montagne.*

Mens mensis, *le mois.*
Cœdes dis, *carnage.*
Fons tis, *fontaine.*

Il y a des noms de la troisième Déclinaison qui ont l'accusatif en *im*, comme :

Singulier.

Nominatif,	f. Secur is,	*la hache.*
Génitif,	Secur is,	*de la hache.*
Datif,	Secur i,	*à la hache.*
Accusatif,	Secur im,	*la hache.*
Vocatif,	ô Secur is,	*ô hache.*
Ablatif,	Secur i,	*de la hache.*

Déclinez de même *sitis*, la soif ; *tussis*, la toux ; *pelvis*, un bassin ; *vis*, la force, au pluriel, *vires*, *virium* ; les noms des fleuves en *is*, comme *Tiberis*, le Tibre ; *Tigris*, le Tigre ; *Araris*, la Saône.

Les noms *clavis*, *sementis*, ont l'accusatif en *em* ou *im*. *Puppis*, *aqualis*, *restis*, *febris*, *turris*, font plutôt à l'accusatif *puppim* que *puppem*, etc. au contraire, *navis*, *strigilis*, font plutôt *navem* que *navim*, etc. etc.

L'ablatif singulier de la troisième Déclinaison se forme de l'accusatif en retranchant *m*. Ainsi, il y a des noms de la troisième Déclinaison qui font l'ablatif singulier en *i*, comme *securi*, *siti*, etc.

De plus, les noms neutres dont le nominatif est en *e*, ou en *al* et en *ar*, font l'ablatif singulier en *i*, comme :

SINGULIER.

Nom.	n. Cubile,	*le lit.*
Gén.	Cubil is,	*du lit.*
Dat.	Cubil i,	*au lit.*
Acc.	Cubile,	*le lit.*
Voc.	ô Cubile,	*ô lit.*
Abl.	Cubil i,	*du lit.*

Les noms neutres qui ont l'ablatif en *i*, ont le pluriel en *ia*, comme :

PLURIEL.

Nom.	Cubil ia,	*les lits.*
Gén.	Cubil ium,	*des lits.*
Dat.	Cubil ibus,	*aux lits.*
Acc.	Cubil ia,	*les lits.*
Voc.	ô Cubil ia,	*ô lits.*
Abl.	Cubil ibus,	*des lits.*

Déclinez de même *animal lis*, animal; *mantile lis*, serviette; *calcar aris*, éperon; et *mœnia ium*, murailles, sans singulier.

Il y a des noms de la troisième Déclinaison qui ont le génitif pluriel en *ium*, savoir :

1.º Les noms qui ont l'ablatif singulier en *i*, comme *cubilium, securium*, etc.

2.º Les noms en *es* et en *is*, qui n'ont pas plus de syllabes au génitif qu'au nominatif, comme *clades, cladis, mensis, mensis*, etc., ont le génitif pluriel en *ium*, quoiqu'ils aient l'ablatif singulier en *e*.

3.º Les monosyllabes, c'est-à-dire, ceux qui n'ont qu'une seule syllabe au nominatif, comme *ais, lis, dos, nox*, etc., ont la plupart le génitif pluriel en *ium*. L'usage apprendra les exceptions.

REMARQUE. Le nom *bos, bovis*, fait au pluriel : nom. *boves*; gén. *boum*; dat. *bobus*, acc. *boves*; voc. *ô boves*; abl. *bobus*.

Les noms neutres terminés en *ma*, ont un double datif et ablatif pluriel.

Singulier.

Nom.	n. Poe ma, -	le poëme.
Gén.	Poe matis,	du poëme.
Dat.	Poe mati,	au poëme.
Acc.	Poe ma,	le poëme.
Voc.	ô Poe ma,	ô poëme.
Abl.	Poe mate,	du poëme.

Pluriel.

Nom.	Poe mata,	les poëmes.
Gén.	Poe matum,	des poëmes.
Dat.	Poem atis *ou* Poe matibus,	aux poëmes.
Acc.	Poe mata,	les poëmes.
Voc.	ô Poe mata,	ô poëmes.
Abl.	Poem atis *ou* Poe matibus,	des poëmes.

Déclinez ainsi *ænigma matis*, énigme ; *diadema matis*, diadème ; *dogma matis*, dogme ; *stratagema matis*, stratagème.

Nom de la troisième Déclinaison tiré du grec, en esis, isis.

Singulier.

Nom.	f. Hæres is,	l'hérésie.
Gén.	Hæres is *ou* Hæres eos,	de l'hérésie.
Dat.	Hæres i,	à l'hérésie.
Acc.	Hæres im *ou* Hæres in,	l'hérésie.
Voc.	ô Hæres is,	ô hérésie.
Abl.	Hæres i,	de l'hérésie.

Pluriel.

Nom.	Hæres es,	les hérésies.
Gén.	Hæres eon,	des hérésies.
Dat.	Hæres ibus,	aux hérésies.
Acc.	Hæres es,	les hérésies.
Voc.	ô Hæres es,	ô hérésies.
Abl.	Hæres ibus,	des hérésies.

Ainsi se déclinent *poesis*, la poésie; *thesis*, la thèse; *genesis* la genèse, *phrasis*, la phrase.

AUTRE NOM.

Singulier.

Nom.	m.	Her os,	*le héros.*
Gén.		Her ois,	*du héros.*
Dat.		Her oi,	*au héros.*
Acc.		Her oem *ou* Her oa,	*le héros.*
Voc.	ô	Hér os,	*ô héros.*
Abl.		Her oe,	*du héros.*

Pluriel.

Nom.		Her oes,	*les hérōs.*
Gén.		Her oum,	*des héros*
Dat.		Her oibus,	*aux héros.*
Acc.		Her oes *ou* Her oas,	*les héros.*
Voc.	ô	Her oes,	*ô héros.*
Abl.		Her oibus,	*des héros.*

Ainsi se déclinent les noms grecs, 1.° en *as*, comme *Pallas, Palladis*, acc. *adem* ou *ada*; *Arcas, Arcadis*, acc. *adem* ou *ada*.

2.° En *er*, comme *aer, aeris*, l'air, acc. *aerem* ou *aera*; *æther, ætheris*, acc. *ætherem* ou *æthera*; *crater, crateris* la coupe, etc.

3.° En *is, idis*, comme *Iris, iridis*, arc-en-ciel, acc. *iridem* ou *irida*, on dit aussi *irim*; *Phyllis, lidis*, nom de femme, acr. *Phyllidem* ou *ida*; mais les noms masculins en *is, idis*, font mieux *im* ou *in*, comme *Daphnis*, acc. *Daphnim* ou *Daphnin*; *Paris*, acc. *Parim* ou *Parin*.

Tigris, tigridis, le tigre, fait seulement à l'accusatif *tigrin, tigrim* ou *tigridem*.

4.° En *ix, igis*, *Phryx, Phrigis*, Phrygien, acc. *Phrygem* ou *Phryga*.

5.° Les noms de pays en *o*; *onis*, comme *Macedonis*, Macédonien, acc. *Macedonem* ou *Macedona*.

REMARQUE. Les accusatifs singuliers en *á* ne se disent guère qu'en poésie; mais les accusatifs pluriels en *as* sont plus usités par-tout.

QUATRIÈME DÉCLINAISON.

La quatrième Déclinaison a le génitif singulier en *ûs*, et le génitif pluriel en *uum*.

Singulier.

Nom.	f. Man us,	la main.
Gén.	Man ûs,	de la main.
Dat.	Man ui,	à la main.
Acc.	Man um,	la main.
Voc.	ô Man us,	ô main.
Abl.	Man u,	de la main.

Pluriel.

Nom.	Man us,	les mains.
Gén.	Man uum,	des mains.
Dat.	Man ibus,	aux mains.
Acc.	Man us,	les mains.
Voc.	ô Man us,	ô mains.
Abl.	Man ibus,	des mains.

Ainsi se déclinent :

Fructus tûs	le fruit.	Vultus tûs,	le visage.
Exercitus tûs,	l'armée.	Currus tûs,	le char.

Noms neutres de la quatrième Déclinaison.

REMARQUE. Les noms neutres de la quatrième Déclinaison sont indéclinables au singulier, c'est-à-dire, qu'ils ne changent point leur dernière syllabe, mais ils se déclinent au pluriel.

Singulier.

Nom.	n. Cornu,	la corne.
Gén.	Cornu,	de la corne.
Dat.	Cornu,	à la corne.
Acc.	Cornu,	la corne.
Voc.	ô Cornu,	ô corne.
Abl.	Cornu,	de la corne.

Grammaire latine

Pluriel.

Nom.	Corn ua,	*les cornes.*
Gén.	Corn uum,	*des cornes.*
Dat.	Corn ibus,	*aux cornes.*
Acc.	Corn ua,	*les cornes.*
Voc.	ô Corn ua,	*ô cornes.*
Abl.	Corn ibus,	*des cornes.*

Ainsi se déclinent :

Genu, *le genoux.* | Tonitru, *le tonnerre.*

REMARQUE. JESUS, nom de Notre Sauveur, fait à l'accusatif *Jesum*, et à tous les autres cas, il fait *Jesu*.

Les neuf noms suivans font *ubus* au datif et à l'ablatif pluriel : *arcus*, un arc, *arcubus* ; *artus*, les membres du corps, *artubus* ; *lacus*, un lac, *lacubus* ; *tribus*, une tribu, *tribubus* ; *portus*, un port, *portubus* ; *quercus*, un chêne, *quercubus* ; *specus*, une caverne, *specubus* ; *partus*, l'enfantement, *partubus* ; *veru*, une broche, *verubus*.

NOM IRRÉGULIER.

Singulier.

Nom.	*f.* Dom us,	*la maison.*
Gén.	Dom ûs *et* Dom i,	*de la maison.*
Dat.	Dom ui *et* Dom o,	*à la maison.*
Acc.	Dom um,	*la maison.*
Voc.	ô Dom us,	*ô maison.*
Abl.	Dom o,	*de la maison.*

Pluriel.

Nom.	Dom us,	*les maisons.*
Gén.	Dom orum *et* Dom uum,	*des maisons.*
Dat.	Domi bus,	*aux maisons.*
Acc.	Dom os *et* Dom us,	*les maisons.*
Voc.	ô Dom us,	*ô maisons.*
Abl.	Domi bus,	*des maisons.*

L'usage apprendra les autres exceptions.

CINQUIÈME DÉCLINAISON.

La cinquième Déclinaison a le nominatif singulier en *es*, le génitif en *ei*, et le génitif pluriel en *erum*.

Singulier.

Nom.	m. f.	Di es,	le jour.
Gén.		Di ei,	du jour.
Dat.		Di ei,	au jour.
Acc.		Di em,	le jour.
Voc.	ô	Di es,	ô jour.
Abl.		Di e,	du jour.

Pluriel.

Nom.	Di es,	les jours.
Gén.	Di erum,	des jours.
Dat.	Di ebus,	aux jours.
Acc.	Di es,	les jours.
Voc.	ô Di es,	ô jours.
Abl.	Di ebus,	des jours.

Ainsi se déclinent:

Res rei,	la chose.	Facies ciei,	le visage.
Species iei,	l'apparence.	Spes spei,	l'espérance.

REMARQUE. Les génitifs, datifs et ablatifs pluriels ne sont point usités, excepté dans *res*, *dies*, *species*.

TABLEAU GÉNÉRAL

Dans lequel on a mis sous un même coup-d'œil toutes les Déclinaisons.

Singulier.

	1.	2.	3.	4.	5.
N.	Rosa.	Dominus.	Soror.	Manus.	Dies.
G.	Rosæ.	Domini.	Sororis.	Manûs.	Diei.
D.	Rosæ.	Domino.	Sorori.	Manui.	Diei.
A.	Rosam.	Dominum.	Sororem.	Manum.	Diem.
V. ô	Rosa.	Domine.	Soror.	Manus.	Dies.
A.	Rosâ.	Domino.	Sorore.	Manu.	Die.

PLURIEL.

N.	Rosæ.	Domini.	Sorores.	Manus.	Dies.
G.	Rosarum.	Dominorum.	Sororum.	Manuum.	Dierum.
D.	Rosis.	Dominis.	Sororibus.	Manibus.	Diebus.
A.	Rosas.	Dominos.	Sorores.	Manus.	Dies.
V.	ô Rosæ.	Domini.	Sorores.	Manus.	Dies.
A.	Rosis.	Dominis.	Sororibus.	Manibus.	Diebus.

REMARQUE. Dans toutes les Déclinaisons, les datifs et ablatifs pluriels sont semblables: il en est de même des nominatifs et vocatifs pluriels.

Dans les noms neutres, le nominatif, l'accusatif et le vocatif, tant du singulier que du pluriel, sont toujours semblables, et ces trois cas, au pluriel, sont toujours terminés en *a*.

Remarque sur les noms composés.

Si le nom est composé de deux nominatifs, chaque nom se décline dans tous les cas ; exemple : respublica, *la république*, *Gen.* reipublicæ, *Dat.* reipublicæ, *Acc.* rempublicam. *Ablat.* republicâ. De même : jusjurandum, *le serment* ; jurisjurandi, jurijurando.

Mais si le nom est composé d'un nominatif et d'un autre cas, on ne décline que celui qui est au nominatif ; exemple : pater-familiâs, *Gén.* patris-familiâs, *Dat.* patri-familiâs, etc.

RÈGLE DES NOMS
Ou manière de joindre deux noms ensemble.

Manus *pueri.*

Pour joindre ensemble deux noms en français, nous mettons *de* entre les deux mots, la main *de* l'enfant. En latin, on met le second au génitif: Manus *pueri.*

SECONDE ESPÈCE DE MOTS.
L'ADJECTIF.

L'Adjectif est un mot que l'on ajoute au nom pour marquer la qualité d'une personne ou d'une chose, comme *bon père*, *bonne mère*, *beau livre*, *belle image*. *Bon*, *bonne*, *beau*, *belle*, sont des adjectifs, ils se déclinent en latin, et ils ont les trois genres, le masculin, le féminin et le neutre.

Il y a des adjectifs qui se rapportent à la première et à la seconde déclinaison, comme *bonus*, *bona*, *bonum*, *niger*, *nigra*, *nigrum*: la terminaison en *us*, ou en *er*, est pour le masculin, et se décline sur *dominus*, ou *puer*; *bona*, est pour le féminin, et se décline sur *rosa*; *bonum* est pour le neutre, et se décline sur *templum*.

de Lhomond.
MODÈLE DE DÉCLINAISON.
Singulier.

	m.	f.	n.
Nom.	Bonus,	bona,	bonum.
	Bon,	*bonne,*	*bon.*
Gén.	Boni,	bonæ,	boni.
Dat.	Bono,	bonæ,	bono.
Acc.	Bonum,	bonam,	bonum.
Voc.	ô Bone,	ô bona,	ô bono.
Abl.	Bono,	bonâ,	bono.

Pluriel.

	m.	f.	n.
Nom.	Boni,	bonæ,	bona,
	Bons,	*bonnes,*	*bons.*
Gén.	Bonorum,	bonarum,	bonorum.
Dat.	Bonis,	bonis,	bonis.
Acc.	Bonos,	bonas,	bona.
Voc.	ô Boni,	ô bonæ,	ô bona.
Abl.	Bonis,	bonis,	bonis.

Ainsi se déclinent :

Sanctus, sancta, sanctum, *saint, sainte, saint.*
Doctus, docta, doctum, *savant, savante, savant.*
Magnus, magna, magnum, *grand, grande, grand.*
Parvus, parva, parvum, *petit, petite, petit.*

ADJECTIF en ER.
Singulier.

	m.	f.	n.
Nom.	Niger,	nigra,	nigrum,
	Noir,	*noire.*	*noir.*
Gén.	Nigri,	nigræ	nigri,
Dat.	Nigro,	nigræ,	nigro.
Acc.	Nigrum,	nigram,	nigrum.
Voc.	ô Niger,	ô nigra,	ô nigrum.
Abl.	Nigro,	nigrâ,	nigro.

Pluriel.

	m.	f.	n.
Nom.	Nigri,	nigræ,	nigra,
	Noirs,	noires,	noirs.
Gen.	Nigrorum,	nigrarum,	nigrorum.
Dat.	Nigris,	nigris,	nigris.
Acc.	Nigros,	nigras,	nigra.
Voc.	ô Nigri,	ô nigræ,	ô nigra.
Abl.	Nigris,	nigris,	nigris.

Ainsi se déclinent :

Piger, pigra, pigrum, *paresseux, paresseuse, paresseux.*
Miser, misera, miserum, *malheureux, malheureuse, malheureux.*
Pulcher, pulchra, pulchrum, *beau, belle, beau.*
Liber, libera, liberum, *libre, libre, libre.*

Il y a des adjectifs de la troisième déclinaison qui n'ont qu'une seule terminaison pour les trois genres, excepté l'acusatif.

Singulier.

	m. f.	n.
Nom.	Prudens, *prudent, prudente.*
Gén.	Prudentis, } *pour les trois genres.*
Dat.	Prudenti, }
Acc.	Prudentem, prudens.
Voc,	ô Prudens, *pour les trois genres.*
Abl.	Prudente *ou* prudenti, *pour les* 3 g.

Pluriel.

	m. f.	n.
Nom.	Prudentes, prudentia, *prudens.*
Gén.	Prudentium, } *pour les 3 genres.*
Dat.	Prudentibus, }
Acc.	Prudentes, *n.* prudentia.
Voc.	ô Prudentes, *n.* prudentia.
Abl.	Prudentibus, *pour les trois genres.*

de Lhomond.

Ainsi se déclinent:

Sapiens tis, *sage;* audax cis, *hardi, hardie;* felix cis, *heureux, heureuse;* velox cis, *prompt, prompte.*

Il y a des adjectifs de la troisième déclinaison qui ont au nominatif deux terminaisons, comme *fortis, forte.* La première est pour le masculin et le feminin, et la seconde pour le neutre.

SINGULIER.

m. f. n.

Nom. Fortis, forte, *courageux, courageuse.*
Gén. Fortis, ⎫
Dat. Forti,   ⎬ *pour les trois genres.*
Acc. Fortem, *n.* Forte.
Voc. ô Fortis, *n.* ô Forte.
Abl. Forti, *pour les trois genres.*

PLURIEL.

Nom. Fortes, fortia, *courageux.*
Gén. Fortium, ⎫
Dat. Fortibus, ⎬ *pour les trois genres.*
Acc. Fortes, *n.* fortia.
Voc. ô Fortes, *n.* ô fortia.
Abl. Fortibus, *pour les trois genres.*

Ainsi se déclinent.

| Utilis, utile, *utile.* | Facilis, facile, *facile.* |
| Comis, come, *poli.* | Levis, leve, *léger.* |

REMARQUE. Les adjectifs de la troisième déclinaison, qui ont le nominatif neutre en *e*, font l'ablatif en *i*, afin que l'on puisse distinguer ces deux cas.

Il y a quelques adjectifs de la troisième déclinaison qui ont trois terminaisons au nominatif et au vocatif singulier, comme.

SINGULIER.

m. f. n.

Nom. Celeber, celebris, celebre, *célèbre.*
Gén. Celebris, ⎫
Dat. Celebri,   ⎬ *pour les trois genres.*
Acc. Celebrem, *n.* celebre.

Grammaire latine

	m.	f.	n.
Voc.	ô Celeber,	ô celebris,	n. ô celebre.
Abl.	Celebri, *pour les trois genres.*		

PLURIEL.

	m. f.	n.	
Nom.	Celebres,	n. celebria,	*célèbres.*
Gén.	Celebrium,	} *de tout genre.*	
Dat.	Celebribus,		
Acc.	Celebres,	n. celebria.	
Voc.	ô Celebres,	n. ô celebria.	
Abl.	Celebribus, *pour les trois genres.*		

Ainsi se déclinent :

Saluber, salubris, salubre, *salutaire.*
Acer, acris, acre, *vif.*
Celer, celeris, celere, *prompt.*
Alacer, alacris, alacre, *actif.*

RÈGLE DES ADJECTIFS,

Ou manière de joindre un adjectif avec un nom.

Pater *bonus.*

Tout adjectif se met au même genre, au même nombre et au même cas que le nom auquel il est joint.

Exemple.

SINGULIER.

Le Père bon,	*La mère bonne,*	*l'exemple bon.*
Pater bonus,	mater bona,	exemplum bonum.
Patris boni,	matris bonæ,	exempli boni.
Patri bono,	matri bonæ,	exemplo bono.
Patrem bonum,	matrem bonam,	exemplum bonum.
ô Pater bone,	ô mater bona,	ô exemplum bonum.
Patre bono,	matre bonâ.	exemplum bono.

PLURIEL.

Les Pères bons,	*les mères bonnes,*	*les exemples bons.*
Patres boni,	matres bonæ,	exempla bona.
Patrum bonorum,	matrum bonarum,	exemplorum bonorum.
Patribus bonis,	matribus bonis,	exemplis bonis.
Patres bonos,	matres bonas,	exempla bona.
ô Patres boni,	ô matres bonæ,	ô exempla bona.
Patribus bonis,	matribus bonis,	exemplis bonis.

de Lhomond.

Autre Exemple.

SINGULIER.

Travail court,	heure courte,	temps court.
Labor brevis,	hora brevis,	tempus breve.
Laboris brevis,	horæ brevis,	temporis brevis.
Labori brevi,	horæ brevi,	tempori brevi.
Laborem brevem,	horam brevem,	tempus breve.
ô Labor brevis,	ô hora brevis,	ô tempus breve.
Labore brevi,	horâ brevi,	tempore brevi.

PLURIEL.

Travaux courts,	heures courtes,	temps cours.
Labores breves,	horæ breves,	tempora brevia.
Laborum brevium,	horarum brevium,	temporum brevium.
Laboribus brevibus,	horis brevibus,	temporibus brevibus.
Labores breves,	horas breves,	tempora brevia.
ô Labores breves,	ô horæ breves,	ô tempora brevia.
Laboribus brevibus,	horis brevibus,	temporibus brevibus.

NOMS ET ADJECTIFS DE NOMBRE.

Les noms de nombre servent à compter.

Il y a deux sortes de noms de nombre: le nombre *cardinal* marque simplement le nombre, comme *unus, duo, tres*, un, deux, trois : le nombre *ordinal* marque l'ordre et le rang de chaque chose, comme *primus, secundus, tertius*, le premier, le second, le troisième.

Nombres cardinaux.

SINGULIER.

Nom. Unus, una, unum, *un, une, un.*
Gén. Unius, ⎫
Dat. Uni, ⎬ *de tout genre.*
Acc. Unum, unam, unum.
Abl. Uno, unâ, uno.

REMARQUE. Ainsi se déclinent :

1.° Ullus, ulla, ullum, *aucun, aucune,* sans négation, G. ullius, D. ulli, Acc. ullum, ullam, ullum, Abl. ullo, ullâ, ullo.

2.e Nullus, nulla, nullum, *aucun, aucune, pas un*, G. nullius, etc.

3.° Solus, sola, solum, *seul, seule,* G. solius. D. soli. *Acc.* solum, solam, solum. *Abl.* solo, solà, solo.
4.° Totus, tota, totum, *tout, toute,* G. totius. D. toti, etc.
5.° Alius, alia, aliud, *autre.* Gén. alius. D. alii.
6.° Alter, altera, alterum, *autre.* G. alterius. D. alteri.
7.° Uter, utra, utrum, *lequel des deux.* G. utrius D. utri.
8.° Neuter, neutra, neutrum, *ni l'un ni l'autre.* G. neutrius. D. neutri.
9.° Uterque, utraque, utrumque, *l'un et l'autre.* G. utriusque. D. utrique.
10.° Altereter, alterutra, alterutrum, *l'un ou l'autre.* G. alterutrius. D. alterutri.

PLURIEL.

Nom.	Duo,	duæ,	duo,	*deux.*
Gén.	Duorum,	duarum,	duorum,	*de deux*
Dat.	Duobus,	duabus,	duobus,	*à deux.*
Acc.	Duos *ou* duo,	duas,	duo,	*deux.*
Abl.	Duobus,	duabus,	duobus,	*de deux.*

Ainsi se déclinent *ambo, ambæ, ambo,* les deux, tous deux.

PLURIEL.

Nom.	Tres, tres, tria, *trois.*	
Gén.	Trium,	*de tout genre.*
Dat.	Tribus,	
Acc.	Tres, tres, tria.	
Abl.	Tribus, *de tout genre.*	

Les autres noms de nombre, jusqu'à cent, sont indéclinables : *quatuor,* quatre; *quinque,* cinq; *sex,* six; *septem,* sept; *octo,* huit; *novem,* neuf.

Au-dessous de cent, quand il y a deux mots pour exprimer un nombre, le moindre nombre se met le premier; ainsi l'on dit : *unus et viginti, duo et viginti, tres et viginti,* etc.

DEGRÉS DE SIGNIFICATION.

On distingue dans les adjectifs trois degrés de signification, le *positif,* le *comparatif,* et le *superlatif.* Le positif n'est autre chose que l'adjectif simple, comme saint, sainte, *sanctus, sancta.*

Le comparatif est la signification de l'adjectif dans un plus haut degré, comme *plus saint*

saint, *plus* sainte, *sanctior*. On connoît le comparatif quand il y a *plus* devant un adjectif.

Le superlatif est la signification de l'adjectif dans le plus haut degré, comme *le plus* saint, *la plus* sainte, *sanctissimus*, *sanctissima*.

On connoît le superlatif, quand devant un adjectif il y a, *le plus*, *la plus*, *bien*, *très*, *fort*, etc. C'est encore un superlatif, quand devant *plus*, il y a *mon*, *ton*, *son*, *notre*, *votre :* comme *mon plus* fidèle ami.

Le comparatif latin se forme du cas de l'adjectif terminé en *i*, auquel on ajoute *or* pour le masculin et le féminin, et *us* pour le neutre : ainsi du génitif *sancti*, on formera *sanctior*, masc. et fém. ; *sanctius*, neutre ; du datif *forti*, on formera *fortior*, masc. et fém. ; *fortius*, neutre. *Sanctior* se décline sur *soror*, et *sanctius* sur *corpus*.

Le superlatif latin se forme aussi du cas de l'adjectif terminé en *i*, auquel on ajoute *ssimus*, *ssima*, *ssimum :* ainsi du génitif *sancti*, on formera *sanctissimus*, *a*, *um ;* du datif *forti*, on formera *fortissimus*, *a*, *um*. Ces superlatifs se déclinent sur *bonus*, *a*, *um*.

OBSERVATIONS.

1.° Les adjectifs en *er* forment leur superlatif du nominatif masculin, en ajoutant *rimus ; pulcher*, *pulcherrimus*, *rima*, *rimum*.

2.° Quelques adjectifs en *lis*, comme *facilis*, *difficilis*, *humilis*, *similis*, *gracilis*, *imbecillis*, forment leur superlatif en *illimus*, comme *facilis*, *facillimus*; (mais *utilis* fait *utilissimus*, régulièrement).

3.° Les adjectifs en *dicus*, *ficus*, *volus*, comme *maledicus*, *mirificus*, *benevolus*, forment leur comparatif en *entior*, et leur superlatif en *entissimus* : ex. *maledicus*, comp. *maledicentior*, sup. *maledicentissimus*; *benevolus*, comp. *benevolentior*, sup. *benevolentissimus*.

4.° Les quatre adjectifs suivans forment leurs comparatifs et superlatifs très-irrégulièrement : *bonus*, bon; *melior*, meilleur; *optimus*, très-bon; *malus*, mauvais; *pejor*, pire; *pessimus*, très-mauvais; *magnus*, grand; *major*, plus grand; *maximus*, très-grand; *parvus*, petit; *minor*, plus petit, *minimus*, très-petit.

REMARQUE. Les adjectifs terminés en *ius*, *eus*, *uus*, n'ont ni comparatifs ni superlatifs : alors on exprime *plus* par *magis*, avec le positif, et *le plus* par *maximè* : *pius*, pieux; *magis pius*, plus pieux; *maximè pius*, très-pieux.

TROISIÈME ESPÈCE DE MOTS.

LE PRONOM.

Le pronom est un mot qui tient la place du nom.

PRONOMS PERSONNELS.

Il y a trois personnes: la première personne est celle qui parle; la seconde est celle à qui l'on parle; la troisième est celle de qui l'on parle.

Pronom de la première personne.
SINGULIER.

Nom.	Ego,	je ou moi.
Gén.	Meî,	de moi.
Dat.	Mihi,	à moi.
Acc.	Me,	moi.
	Il n'y a point de vocatif.	
Abl.	Me,	de moi.

PLURIEL.

Nom.	Nos,	nous.
Gén.	Nostrûm ou nostri,	de nous.
Dat.	Nobis,	à nous.
Acc.	Nos,	nous.
Abl.	Nobis,	de nous.

Pronom de la seconde personne.
SINGULIER.

Nom.	Tu,	tu ou toi.
Gén.	Tuî,	de toi.
Dat.	Tibi,	à toi.
Acc.	Te,	toi.
Voc.	ô Tu,	ô toi.
Abl.	Te,	de toi.

PLURIEL.

Nom.	Vos,	vous.
Gén.	Vestrûm ou vestri,	de vous.
Dat.	Vobis,	à vous.
Acc.	Vos,	vous.
Voc.	ô Vos,	ô vous.
Abl.	Vobis,	de vous.

Pronom réfléchi de la troisième personne.

Il n'a point de nominatif; il est de tout genre, et le même au pluriel qu'au singulier.

SINGULIER ET PLURIEL.

Gén.	Suî,	de soi, de lui-même, d'eux-mêmes ou d'elles-mêmes.
Dat.	Sibi,	à soi, à lui-même, à eux-mêmes, à elles-mêmes.
Acc.	Se,	se, soi, lui-même, eux-mêmes, elles-mêmes.
Abl.	Se,	de soi, d'eux-mêmes, d'elles-mêmes.

PRONOMS ADJECTIFS.
SINGULIER.

	m. f. n.	
Nom.	Is, ea, id,	il, elle, ce.
Gén.	Ejus,	de lui, d'elle.

Dat. Ei, *à lui, à elle.*
Acc. Eum, eam, id, *le, la, le.*
Abl. Eo, eâ, eo, *de lui, d'elle.*

PLURIEL.

Nom. Ii, ou ei, eæ, ea, *ils, elles.*
Gén. Eorum, earum, eorum, *d'eux, d'elles.*
Dat. Iis, ou eis, *à eux, à elles.*
Acc. Eos, eas, ea, *les, eux, elles.*
Abl. Iis, ou eis, *d'eux, d'elles.*

AUTRE.

SINGULIER.

   m. f. n.
Nom. Hic, hæc, hoc, *celui-ci, celle-ci, cela.*
Gén. Hujus, }
Dat. Huic, } *de tout genre.*
Acc. Hunc, hanc, hoc.
Abl. Hoc, hâc, hoc.

PLURIEL.

Nom. Hi, hæ, hæc, *ceux-ci, celles-ci, ces choses.*
Gen. Horum, harum, horum.
Dat. His, *de tout genre.*
Acc. Hos, has, hæc.
Abl. His, *de tout genre.*

AUTRE.

SINGULIER.

   m. f. n.
Nom. Ille, illa, illud, *celui-là, celle-là, cela.*
Gén. Illius, }
Dat. Illi, } *de tout genre.*
Acc. Illum, illam, illud.
Abl. Illo, illâ, illo.

PLURIEL.

Nom. Illi, illæ, illa, *ceux-là, celles-là, ces choses.*
Gén. Illorum, illarum, illorum.
Dat. Illis, *de tout genre.*
Acc. Illos, illas, illa.
Abl. Illis, *de tout genre.*
Déclinez de même iste, ista, istud.

AUTRE.

SINGULIER.

   m. f. n.
Nom. Ipse, ipsa, ipsum, *moi, toi; ou lui-même, elle-même, cela même.*

Gén.	Ipsius,	
Dat.	Ipsi,	} *de tout genre.*
Acc.	Ipsum, ipsam, ipsum.	
Abl.	Ipso, ipsâ, ipso.	

PLURIEL.

Nom.	Ipsi, ipsæ, ipsa.
Gén.	Ipsorum, ipsarum, ipsorum.
Dat.	Ipsis, *de tout genre.*
Acc.	Ipsos, ipsas, ipsa.
Abl.	Ipsis, *de tout genre.*

AUTRE.

SINGULIER.

m. f. n.

Nom.	Idem, eadem, idem, *le même, la même, le même.*	
Gén.	Ejusdem,	
Dat.	Eidem,	} *de tout genre.*
Acc.	Eumdem, eamdem, idem.	
Abl.	Eodem, eâdem, eodem.	

PLURIEL.

Nom.	Iidem, eædem, eadem, *les mêmes.*
Gén.	Eorumdem, earumdem, eorumdem.
Dat.	Iisdem *ou* eisdem, *de tout genre.*
Acc.	Eosdem, easdem, eadem.
Abl.	Iisdem *ou* eisdem, *de tout genre.*

PRONOMS POSSESSIFS.

SINGULIER.

m. f. n.

Nom.	Meus, mea, meum, *mon, ma, mon, le mien, la mienne, le mien.*
Gén.	Mei, meæ, mei.
Dat.	Meo, meæ, meo.
Acc.	Meum, meam, meum.
Voc.	ô Mi, ô mea, ô meum.
Abl.	Meo, meâ, meo.

PLURIEL.

Nom.	Mei, meæ, mea, *mes, les miens, les miennes, les miens.*
Gén.	Meorum, mearum, meorum.
Dat.	Meis, *de tout genre.*
Acc.	Meos, meas, mea.
Voc.	ô Mei, ô meæ, ô mea.
Abl.	Meis, *de tout genre.*

B 3

Ainsi se déclinent :

Tuus, a, um, *ton, ta, ton, le tien, la tienne, le tien.*
Suus, a, um, *son, sa, son, le sien, la sienne, le sien.*
Et Cujus, a, um, *à qui ?* Mais ils n'ont point de vocatif.

SINGULIER.
m. f. n.

Nom. Noster, nostra, nostrum, *notre, le nôtre, la nôtre,*
le nôtre.
Gén. Nostri, nostræ, nostri.
Dat. Nostro, nostræ, nostro.
Acc. Nostrum, nostram, nostrum.
Voc. ô Noster, ô nostra, ô nostrum.
Abl. Nostro, nostrâ, nostro.

PLURIEL.
Nom. Nostri, nostræ, nostra, *nos, les nôtres.*
Gén. Nostrorum, nostrarum, nostrorum.
Dat. Nostris, *de tout genre.*
Acc. Nostros, nostras, nostra.
Voc. ô Nostri, ô nostræ, ô nostra.
Abl. Nostris, *de tout genre.*

Déclinez de même :
Vester, vestra, vestrum, *votre, le vôtre,* etc. sans vocatif.

RÈGLE. Les adjectifs possessifs s'accordent en genre, en nombre et en cas avec le nom auquel ils sont joints.
Exemple. Mon père, *pater meus ;* ma mère, *mater mea ;* mon bras, *brachium meum.*

PRONOMS RELATIFS.
SINGULIER.
m. f. n.

Nom. Qui, quæ, quod, *qui, laquelle, lequel.*
Gén. Cujus, } *de tout genre.*
Dat. Cui,
Acc. Quem, quam, quod.
Abl. Quo, quâ, quo.

PLURIEL
Nom. Qui, quæ, quæ, *qui, lesquels, lesquelles,*
Gén. Quorum, quarum, quorum.
Dat. Quibus *et* queis, *de tout genre.*
Acc. Quos, quas, quæ.
Abl. Quibus *et* queis, *de tout genre.*

RÈGLE DU QUI RELATIF,
Ou manière de joindre le Qui relatif avec le nom ou pronom qui est devant, et que l'on appelle Antécédent.

On fait accorder en latin *qui, quæ, quod,* en genre et en nombre, avec son antécédent.

Exemple.

Le père qui, *pater qui;* la mère qui, *mater quæ;* le temple qui, *templum quod* (1).

Composés de qui.

Dans les composés de *qui*, on décline seulement *qui;* les autres syllabes restent les mêmes.

   m.   f.   n.
N. Quicunque, quæcunque, quodcunque,
  Quiconque.
G. Cujuscunque, *D.* Cuicunque, *de tout genre.*

AUTRE.
   m.   f.   n.
N. Quidam, quædam, quoddam *et* quiddam,
  un certain.
G. Cujusdam. *D.* Cuidam, *de tout genre.*

AUTRE.
   m.   f.   n.
N. Quilibet, quælibet, quodlibet *et* quidlibet,
  qui l'on voudra.
G. Cujuslibet, *D.* Cuilibet. *De même* Quivis, quævis, quodvis. *G.* Cujusvis, *D.* Cuivis.

Qui interrogatif, quis?

SINGULIER.
 m. f. n.
N. Quis, quæ, quid (*et* quod? *avec un nom*),
  qui, quel, quelle, quoi.

---

(1) Les pronoms *hic*, *is*, *ille*, *ipse*, *iste*, s'accordent aussi en genre et en nombre avec le nom dont ils tiennent la place; ainsi, en parlant de la tête, nous disons *elle*, parce que tête est du féminin; en latin, il faut mettre *illud*, parce que *caput*, est du neutre.

B 4

G. Cujus, } de tout genre.
D. Cui,
A. Quem, quam, quid (*et* quod *avec un nom*).
Abl. Quo, quâ, quo.

Pluriel.

    m.   f.   n.
N. Qui, quæ, quæ, *qui, quelles, quels.*
G. Quorum, quarum, quorum.
D. Quibus, *de tout genre.*
Acc. Quos, quas, quæ.
Abl. Quibus, *de tout genre.*

Composés de quis.

On décline seulement *quis;* les autres syllabes restent les mêmes.

    m.   f.   n.
N. Quisnam, quænam, quodnam et quidnam, *quel, quelle, quelle chose.*
G. Cujusnam. D. Cuinam, *de tout genre.*

    m.   f.   n.
N. Quispiam, quæpiam, quodpiam et quidpiam, *quelqu'un, quelqu'une, quelque chose.*
G. Cujuspiam. D. Cuipiam. *De même.* N. Quisquam, quæquam, quodquam *et* quidquam.
G. Cujusquam. D. Cuiquam, *de tout genre.*

    m.   f.   n.
N. Quisque, quæque, quodque *et* quidque; *chacun, chacune, chaque chose.*
G. Cujusque. D. Cuique, *de tout genre.*
N. Quisquis, *masc.* quidquid, *neut. qui que ce soit, tout ce qui.*
Il n'y a que les cas suivans : *D. sing.* Cuicui.
Abl. Quoquo. *Acc. plur.* quosquos.

de Lhomond.

Dans les deux composés suivans, *quis* est à la fin du mot, et les cas neutres au pluriel sont en *a*.

N. Aliquis, aliqua, aliquod *et* aliquid,
 quelque, quelqu'une, quelque chose.

G. Alicujus. *D.* Alicui. *Devant un nom de choses qui se comptent, ont dit au pluriel* Aliquot (*indéclinable*).

N. Ecquis, ecqua, ecquod *et* ecquid,
 quel, quelle, quoi.

G. Eccujus. *D.* Eccui.

Dans Unusquisque, *chacun*, on décline *unus et* quisque.

N. Unusquisque, unaquæque, unumquodque.

G. Uniuscujusque. *D.* Unicuique. *Acc.* Unumquemque, unamquamque, unumquodque.

Abl. Unoquoque, unâquâque, unoquoque.

QUATRIÈME ESPÈCE DE MOTS.
LE VERBE.

Le mot dont on se sert pour exprimer que l'on est ou que l'on fait quelque chose, s'appelle *Verbe :* ainsi le mot *être*, je *suis*, etc. est un verbe. Le mot *lire*, je *lis*, etc. est un verbe.

On connoît un verbe en français quand on peut y ajouter ces pronoms, *je, tu, il; nous vous, ils* ou *elles :* comme *je* lis, *tu* lis, *il* lit; *nous* lisons, *vous* lisez, *ils* lisent.

Ces mots *je, nous,* marquent la première personne, c'est-à-dire, celle qui parle.

Ces mots *tu*, *vous*, marquent la seconde personne, c'est-à-dire celle à qui l'on parle.

Ces mots *il*, *elle*, *ils*, *elles* et tout nom mis devant un verbe, marquent la troisième personne, c'est-à-dire, celle de qui l'on parle.

Il y a dans les verbes deux nombres; le singulier, quand on parle d'une seule personne, comme l'*enfant dort;* et le pluriel, quand on parle de plusieurs personnes, comme les *enfans dorment.*

Il y a trois temps : le présent, qui marque que la chose se fait actuellement, comme *je lis;* le passé ou prétérit qui marque que la chose a été faite, comme *j'ai lu;* le futur, qui marque que la chose se fera, comme *je lirai.*

On distingue trois sortes de prétérits ou passés; savoir: l'imparfait, *je lisois;* le parfait, *j'ai lu;* et le plusque-parfait, *j'avois lu.*

Il y a aussi deux futurs, le futur simple, *je lirai,* et le futur passé, *j'aurai lu.*

Il y a quatre modes dans les verbes: 1.° l'indicatif quand on affirme que la chose se fait, ou qu'elle s'est faite, ou quelle se fera; 2.° l'impératif, quand on commande de la faire; 3.° le subjonctif quand on souhaite ou qu'on doute qu'elle se fasse; 4.° l'infinitif qui exprime l'action en général, sans nombres ni personnes, comme *lire.* Ce dernier mode contient le participe, le supin, et le gérondif qui sont des noms formés du verbe.

Ecrire ou réciter de suite les différens modes d'un verbe, avec tous leurs temps, leurs nombres et leurs personnes, cela s'appelle *conjuguer*.

Il y a en latin quatre conjugaisons : la première fait au présent de l'infinitif *are*, et à la seconde personne du présent de l'indicatif *as*.

La seconde fait au présent de l'infinitif *ere*, et à la seconde personne du présent de l'indicatif *es*.

La troisième fait au présent de l'infinitif *ere*, et à la seconde personne du présent de l'indicatif *is*.

La quatrième conjugaison fait au présent de l'infinitif *ire*, et à la seconde personne du présent de l'indicatif *is*.

Il faut commencer par le verbe *sum*, je suis, que l'on appelle verbe *substantif* et verbe *auxiliaire*.

INDICATIF.
Présent.

Sing.	Sum,	je suis.
	Es,	tu es.
	Est,	il est.
Plur.	Sumus,	nous sommes.
	Estis,	vous êtes.
	Sunt,	ils sont.

Imparfait.

Sing.	Eram,	j'étois.
	Eras,	tu étois.
	Erat,	il étoit.
Plur.	Eramus,	nous étions.
	Eratis,	vous étiez.
	Erant,	ils étoient.

Parfait.

Sing.	Fui,	j'ai été.
	Fuisti,	tu as été.
	Fuit,	il a été.

Plur.	Fuimus,	nous avons été.
	Fuistis,	vous avez été.
	Fuerunt ou fuère,	ils ont été.

Autrement pour le français : *Je fus, tu fus, il fut ; nous fûmes, vous fûtes, ils furent.*

Ou : *J'eus été, tu eus été, il eut été ; nous eûmes été, vous eûtes été, ils eurent été.*

PLUSQUE-PARFAIT.

Sing.	Fueram,	j'avois été.
	Fueras,	tu avois été.
	Fuerat,	il avoit été.
Plur.	Fueramus,	nous avions été.
	Fueratis,	vous aviez été.
	Fuerant,	ils avoient été.

FUTUR.

Sing.	Ero,	je serai.
	Eris,	tu seras.
	Erit,	il sera.
Plur.	Erimus,	nous serons.
	Eritis,	vous serez.
	Erunt,	ils seront.

FUTUR PASSÉ.

Sing.	Fuero,	j'aurai été.
	Fueris,	tu auras été.
	Fuerit,	il aura été.
Plur.	Fuerimus,	nous aurons été.
	Fueritis,	vous aurez été.
	Fuerint,	ils auront été.

IMPÉRATIF.

Il n'a point de première personne au singulier.

Sing.	Es *ou* esto,	sois.
	Esto (ille),	qu'il soit.
Plur.	Simus,	soyons.
	Este *ou* estote,	soyez.
	Sunto,	qu'ils soient.

SUBJONCTIF.

PRÉSENT.

Sing.	Sim,	que je sois.
	Sis,	que tu sois.
	Sit,	qu'il soit.

Plur. Simus, que nous soyons
Sitis, que vous soyez.
Sint, qu'ils soient.

IMPARFAIT.

Sing. Essem *ou* forem, que je fusse.
Esses *ou* fores, que tu fusses.
Esset *ou* foret, qu'il fût.
Plur. Essemus, que nous fussions.
Essetis, que vous fussiez.
Essent *ou* forent, qu'ils fussent

Autrement pour le français : *Je serois, tu serois, il seroit ; nous serions, vous seriez, ils seroient.*

PARFAIT.

Sing. Fuerim, que j'aie été.
Fueris, que tu aies été.
Fuerit, qu'il ait été.
Plur. Fuerimus, que nous ayons été.
Fueritis, que vous ayez été.
Fuerint, qu'ils aient été.

PLUSQUE-PARFAIT.

Sing. Fuissem, que j'eusse été.
Fuisses, que tu eusses été.
Fuisset, qu'il eût été.
Plur. Fuissemus, que nous eussions été.
Fuissetis, que vous eussiez été.
Fuissent, qu'ils eussent été.

Autrement pour le français : *J'aurois été, tu aurois été, il auroit été ; nous aurions été, vous auriez été, ils auroient été.*

INFINITIF.

PRÉSENT et IMPARFAIT.

Esse, être, qu'il est ou qu'il étoit.

PARFAIT et PLUSQUE-PARFAIT.

Fuisse, avoir été, qu'il a ou qu'il avoit été.

FUTUR.

Fore (indécl). *ou* futurum, futuram esse (décl)., devoir être, qu'il sera ou qu'il seroit.

FUTUR PASSÉ. (*Il se décline*).

Futurum, futuram fuisse, avoir dû être, qu'il auroit été ou qu'il eût été.

Participe futur.

Futurus, futura, futurum, *devant être, qui sera ou qui doit être.*

Ainsi se conjuguent les verbes composés de *sum*, comme *adesse*, être présent, *abesse*, être absent; *deesse*, manquer à, *interesse*, assister à; *obesse*, nuire; *præesse*, présider à, *subesse*, être dessous, etc.

Règle générale pour tous les Verbes.

Ego sum.

Tout verbe s'accorde en nombre et en personne avec son nominatif.

Exemples.

Je suis, *ego sum*. *Ego* est du singulier, *sum* est aussi du singulier. *Ego* est de la première personne, *sum* est aussi de la première personne.

Vous êtes, *tu es*, il est, *ille est*; nous sommes, *nos sumus*, vous êtes, *vos estis*, ils sont, *illi sunt*.

Cette règle regarde également tous les autres verbes que nous allons conjuguer.

VERBES ACTIFS.

On appelle verbes actifs ceux qui sont terminés en *o*, et qui ont un passif, comme *verbero*, je frappe, qui a le passif *verberor*, je suis frappé.

PREMIÈRE CONJUGAISON.

ARE, AS.

INDICATIF.

Présent.

Sing.	Am o,	j'aime.
	Am as,	tu aimes.
	Am at,	il aime.
Plur.	Am amus,	nous aimons.
	Am atis,	vous aimez.
	Am ant,	ils aiment.

Imparfait.

Sing.	Am abam,	j'aimois.
	Am abas,	tu aimois.
	Am abat,	il aimoit.

Plur. Am abamus, nous aimions.
Am abatis, vous aimiez.
Am abant, ils aimoient.

PARFAIT.

Sing. Am avi, j'ai aimé
Am avisti, tu as aimé
Am avit, il a aimé.
Plur. Am avimus, nous avons aimé.
Am avistis, vous avez aimé
Am averunt *ou* am avère, ils ont aimé.

Autrement pour le français : *J'aimai, tu aimas, il aima ; nous aimâmes, vous aimâtes, ils aimèrent.*

Ou : *J'eus aimé, tu eus aimé, il eut aimé, nous eûmes aimé, vous eûtes aimé, ils eurent aimé.*

PLUSQUE-PARFAIT.

Sing. Am averam, j'avois aimé.
Am averas, tu avois aimé.
Am averat, il avoit aimé.
Plur. Am averamus, nous avions aimé.
Am averatis, vous aviez aimé.
Am averant, ils avoient aimé.

FUTUR.

Sing. Am abo, j'aimerai.
Am abis, tu aimeras.
Am abit, il aimera.
Plur. Am abimus, nous aimerons.
Am abitis, vous aimerez.
Am abunt, ils aimeront.

FUTUR PASSÉ.

Sing. Am avero, j'aurai aimé.
Am averis, tu auras aimé.
Am averit, il aura aimé.
Plur. Am averimus, nous aurons aimé.
Am averitis, vous aurez aimé.
Am averint, ils auront aimé.

IMPÉRATIF.

Point de première personne au singulier.

Sing Am a *ou* am ato, aime.
Am ato (ille), qu'il aime.
Plur. Am emus, aimons.
Am ate, *ou* am atote aimez.
Am anto, qu'ils aiment.

SUBJONCTIF.

PRÉSENT.

Sing.	Am em,	que j'aime.
	Am es,	que tu aimes.
	Am et,	qu'il aime.
Plur.	Am emus,	que nous aimions.
	Am etis,	que vous aimiez.
	Am ent,	qu'ils aiment.

IMPARFAIT.

Sing.	Am arem,	que j'aimasse.
	Am ares,	que tu aimasses.
	Am aret,	qu'il aimât.
Plur.	Am aremus,	que nous aimassions.
	Am aretis,	que vous aimassiez.
	Am arent,	qu'ils aimassent.

Autrement pour le français: *J'aimerois, tu aimerois, il aimeroit; nous aimerions, vous aimeriez, ils aimeroient.*

PARFAIT.

Sing.	Am averim,	que j'aie aimé.
	Am averis,	que tu aies aimé.
	Am averit,	qu'il ait aimé.
Plur.	Am averimus,	que nous ayons aimé.
	Am averitis,	que vous ayez aimé.
	Am averint,	qu'ils aient aimé.

PLUSQUE-PARFAIT.

Sing.	Am avissem,	que j'eusse aimé.
	Am avisses,	que tu eusses aimé.
	Am avisset,	qu'il eût aimé.
Plur.	Am avissemus,	que nous eussions aimé.
	Am avissetis,	que vous eussiez aimé.
	Am avissent,	qu'ils eussent aimé.

Autrement pour le français: *J'aurois aimé, tu aurois aimé, il auroit aimé; nous aurions aimé, vous auriez aimé, ils auroient aimé.*

INFINITIF.

PRÉSENT et IMPARFAIT.

Amare, *aimer, qu'il aime ou qu'il aimoit.*

PARFAIT et PLUSQUE-PARFAIT.

Am avisse, *avoir aimé, qu'il a ou qu'il avoit aimé.*

de Lhomond.

FUTUR (*Il se décline*).

Am aturum, am aturam esse, *devoir aimé, qu'il aimera* ou *qu'il aimeroit.*

FUTUR PASSÉ. (*Il se décline*).

Am aturum, am aturam fuisse, *avoir dû aimer, qu'il auroit* ou *qu'il eût aimé.*

PARTICIPE PRÉSENT.

Am ans, am antis, *aimant, qui aime* ou *qui aimoit.*

PARTICIPE FUTUR.

Am aturus, am atura, am aturum, *devant aimer, qui aimera* ou *qui doit aimer.*

SUPIN.

Am atum, *à aimer.*

GÉRONDIFS.

Amandi,	*d'aimer.*
Amando,	*en aimant.*
Amandum,	*à aimer* ou *pour aimer.*

REMARQUE. Les participes se déclinent; savoir, les participes en *ans* et en *ens*, comme *prudens*, et les participes en *us*, comme *bonus, a, um*.

Ainsi se conjuguent *laudare*, louer; *vituperare*, blâmer, *verberare*, frapper; *vocare*, appeler, etc.

SECONDE CONJUGAISON.

ERE, ES.

INDICATIF.

PRÉSENT.

Sing.	Mon eo,	*j'avertis.*
	Mon es,	*tu avertis.*
	Mon et,	*il avertit.*
Plur.	Mon emus,	*nous avertissons.*
	Mon etis,	*vous avertissez.*
	Mon ent,	*ils avertissent.*

IMPARFAIT.

Sing.	Mon ebam,	*j'avertissois.*
	Mon ebas,	*tu avertissois.*
	Mon ebat,	*il avertissoit.*

Plur. Mon ebamus,   nous avertissions.
       Mon ebatis,   vous avertissiez.
       Mon ebant.   ils avertissoient.

PARFAIT.

Sing. Mon ui,   j'ai averti.
       Mon uisti,   tu as averti.
       Mon uit,   il a averti
Plur   Mon uimus,   nous avons averti.
       Mon uistis,   vous avez averti.
       Mon uerunt *ou* mon uère, ils ont averti.

Autrement pour le français : *J'avertis, tu avertis, il avertit; nous avertîmes, vous avertîtes, ils avertirent.*

Ou : *j'eus averti, tu eus averti, il eut averti, nous eûmes averti, vous eûtes averti, ils eurent averti.*

PLUSQUE-PARFAIT.

Sing. Mon ueram,   j'avois averti.
       Mon veras,   tu avois averti.
       Mon uerat,   il avoit averti.
Plur. Mon ueramus,   nous avions averti.
       Mon ueratis,   vous aviez averti.
       Mon uerant,   ils avoient averti.

FUTUR.

Sing. Mon ebo,   j'avertirai.
       Mon ebis,   tu avertiras.
       Mon ebit,   il avertira.
Plur. Mon ebimus,   nous avertirons.
       Mon ebitis,   vous avertirez.
       Mon ebunt,   ils avertiront.

FUTUR PASSÉ.

Sing. Mon uero,   j'aurai averti.
       Mon ueris,   tu auras averti.
       Mon uerit,   il aura averti.
Plur. Mon uerimus,   nous aurons averti.
       Mon ueritis,   vous aurez averti.
       Mon uerint,   ils auront averti.

IMPÉRATIF.

Point de première personne au singulier.

Sing. Mon e *ou* mon eto,   avertis.
       Mon eto (ille),   qu'il avertisse.

Plur. Mon eamus, avertissons.
Mon ete *ou* mon etote, avertissez.
Mon ento, qu'ils avertissent.

SUBJONCTIF.

Présent.

Sing. Mon eam, que j'avertisse.
Mon eas, que tu avertisses.
Mon eat, qu'il avertisse.
Plur. Mon eamus, que nous avertissions.
Mon eatis, que vous avertissiez.
Mon eant, qu'ils avertissent.

Imparfait.

Sing. Mon erem, que j'avertisse.
Mon eres, que tu avertisses.
Mon eret, qu'il avertît.
Plur. Mon eremus, que nous avertissions.
Mon eretis, que vous avertissiez.
Mon erent, qu'ils avertissent.

Autrement pour le français : J'avertirois, tu avertirois, il avertiroit; nous avertirions, vous avertiriez, ils avertiroient.

Parfait.

Sing Mon uerim, que j'aie averti.
Mon ueris, que tu aies averti.
Mon uerit, qu'il ait averti.
Plur. Mon uerimus, que nous ayons averti.
Mon ueritis, que vous ayez averti.
Mon uerint, qu'ils aient averti.

Plusque-parfait.

Sing. Mon uissem, que j'eusse averti.
Mon uisses, que tu eusses averti.
Mon uisset, qu'il eut averti.
Plur. Mon uissemus, que nous eussions averti.
Mon uissetis, que vous eussiez averti.
Mon uissent, qu'ils eussent averti.

Autrement pour le français : J'aurois averti, tu aurois averti, il auroit averti; nous aurions averti, vous auriez averti, ils auroient averti.

INFINITIF.

Présent et Imparfait.

Monere, avertir, qu'il avertit, ou qu'il avertissoit.

PARFAIT et PLUSQUE-PARFAIT.

Monuisse, *avoir averti, qu'il a ou qu'il avoit averti.*

FUTUR, (*Il se décline*).

Mon iturum, mon ituram esse, *devoir avertir, qu'il avertira, ou qu'il avertiroit.*

FUTUR PASSÉ (*Il se décline*).

Mon iturum, mon ituram fuisse, *avoir dû avertir, qu'il auroit ou qu'il eût averti.*

PARTICIPE PRÉSENT.

Mon ens, mon entis, *avertissant, qui avertit, ou qui avertissoit.*

PARTICIPE FUTUR.

Mon iturus, mon itura, mon iturum, *devant avertir, qui doit ou qui devoit avertir.*

SUPIN.

Monitum,   *à avertir.*

GÉRONDIFS.

Mon endi,   *d'avertir.*
Mon endo,   *en avertissant.*
Mon endum,   *à avertir ou pour avertir.*

Ainsi se conjuguent *docere*, instruire, *terrere*, épouvanter, *tenere*, tenir; *implere*; emplir; ce dernier fait au parfait *implevi*.

TROISIÈME CONJUGAISON.

ERE, IS.

INDICATIF.

PRÉSENT.

Sing. Leg o,   *je lis.*
Leg is,   *tu lis.*
Leg it,   *il lit.*
Plur. Leg imus,   *nous lisons.*
Leg itis,   *vous lisez.*
Leg unt,   *ils lisent.*

IMPARFAIT.

Sing. Leg ebam,   *je lisois.*
Leg ebas,   *tu lisois.*
Leg ebat,   *il lisoit.*

Plur. Leg ebamus,   *nous lisions.*
       Leg ebatis,   *vous lisiez.*
       Leg ebant,   *ils lisoient.*

Parfait.

Sing. Leg i,   *j'ai lu.*
       Leg isti,   *tu as lu.*
       Leg it,   *il a lu.*
Plur. Leg imus,   *nous avons lu.*
       Leg istis,   *vous avez lu.*
       Leg erunt *ou* Leg ère, *ils ont lu.*

Autrement pour le français, *je lus, tu lus, il lut; nous lûmes, vous lûtes, ils lurent.*

Ou : *J'eus lu, tu eus lu, il eut lu ; nous eûmes lu, vous eûtes lu, ils eurent lu.*

Plusque-parfait.

Sing. Leg eram,   *j'avois lu.*
       Leg eras,   *tu avois lu.*
       Leg erat,   *il avoit lu.*
Plur. Leg eramus,   *nous avions lu.*
       Leg eratis,   *vous aviez lu.*
       Leg erant,   *ils avoient lu.*

Futur.

Sing. Leg am,   *je lirai.*
       Leg es,   *tu liras.*
       Leg et,   *il lira*
Plur. Leg emus,   *nous lirons.*
       Leg etis,   *vous lirez.*
       Leg ent,   *ils liront.*

Futur passé.

Sing. Leg ero,   *j'aurai lu.*
       Leg eris,   *tu auras lu.*
       Leg erit,   *il aura lu.*
Plur. Leg erimus,   *nous aurons lu.*
       Leg eritis,   *vous aurez lu.*
       Leg erint,   *ils auront lu.*

IMPÉRATIF.

Point de première personne au singulier.

Sing. Leg e *ou* leg ito,   *lis.*
       Leg ito (ille),   *qu'il lise.*
Plur. Leg amus,   *lisons.*
       Leg ite *ou* leg itote, *lisez.*
       Leg unto,   *qu'ils lisent.*

SUBJONCTIF.

Présent.

Sing. Leg am,   que je lise.
       Leg as,   que tu lises.
       Leg at,   qu'il lise.
Plur. Leg amus,   que nous lisions.
       Leg atis,   que vous lisiez.
       Leg ant,   qu'ils lisent,

Imparfait.

Sing. Leg erem,   que je lusse.
       Leg eres,   que tu lusses.
       Leg eret,   qu'il lût.
Plur. Leg eremus,   que nous lussions.
       Leg eretis,   que vous lussiez.
       Leg erent,   qu'ils lussent.

Autrement pour le français : *Je lirois, tu lirois, il liroit, nous lirions, vous liriez, ils liroient.*

Parfait.

Sing. Leg erim,   que j'aie lu
       Leg eris,   que tu aies lu.
       Leg erit,   qu'il ait lu.
Plur. Leg erimus,   que nous ayons lu.
       Leg eritis,   que vous ayez lu.
       Leg erint,   qu'ils aient lu.

Plusque-parfait.

Sing. Leg issem,   que j'eusse lu.
       Leg isses,   que tu eusses lu.
       Leg isset,   qu'il eût lu.
Plur. Leg issemus,   que nous eussions lu.
       Leg issetis,   que vous eussiez lu.
       Leg issent,   qu'ils eussent lu.

Autrement pour le français : *J'aurois lu, tu aurois lu, il auroit lu ; nous aurions lu, vous auriez lu, ils auroient lu.*

INFINITIF.

Présent et Imparfait.

Leg ere, *lire, qu'il lit, ou qu'il lisoit.*

Parfait et Plusque-parfait.

Leg isse, *avoir lu, qu'il a, ou qu'il avoit lu.*

Futur. (Il se décline).

Lec turum, lec turamesse, *devoir lire, qu'il lira, ou qu'il liroit.*

de Lhomond.

FUTUR PASSÉ. (*Il se décline*).

Lec turum, lec turam fuisse, *avoir dû lire, qu'il auroit, ou qu'il eût lu.*

PARTICIPE PRÉSENT.

Leg ens, Leg entis, *lisant, qui lit, ou qui lisoit.*

PARTICIPE FUTUR. (*Il se décline*).

Lec turus, lec tura, lec turum, *devant lire, qui doit, ou qui devoit lire.*

SUPIN.

Lec tum, *à lire.*

GÉRONDIFS.

Leg endi, *de lire.*
Leg endo, *en lisant.*
Leg endum, *à lire, ou pour lire.*

Ainsi se conjuguent *vincere*, vaincre; *occidere*, tuer; *scribere*, écrire; *cognoscere*, connoître, etc.

Second verbe de la troisième Conjugaison, terminé en io.

INDICATIF.

PRÉSENT.

Sing. Accip i,   *je reçois.*
         Accip is,   *tu reçois.*
         Accip it,   *il reçoit.*
Plur. Accip imus,   *nous recevons.*
         Accip itis,   *vous recevez.*
         Accip iunt,   *ils reçoivent.*

IMPARFAIT.

Sing. Accip iebam,   *je recevois.*
         Accip iebas,   *tu recevois.*
         Accip iebat,   *il recevoit.*
Plur. Accip iebamus,   *nous recevions.*
         Accip iebatis,   *vous receviez.*
         Accip iebant,   *ils recevoient.*

PARFAIT.

Accep i, *j'ai reçu*... (*le reste comme* leg i).

PLUSQUE-PARFAIT.

Accep eram, *j'avois reçu....* (*comme* leg eram).

FUTUR.

Sing. Accip iam,   je recevrai.
      Accip ies,   tu recevras.
      Accip iet,   il recevra.
Plur. Accip iemus,   nous recevrons.
      Accip ietis,   vous recevrez.
      Accip ient,   ils recevront.

FUTUR PASSÉ.

Sing. Accep ero, *j'aurai reçu...* (*comme* leg ero).

IMPÉRATIF.

Point de première personne au singulier.

Sing. Accip e, *ou* accip ito,   reçois.
      Accip ito (ille),   qu'il reçoive.
Plur. Accip iamus,   recevons.
      Accip ite *ou* accipitote,   recevez.
      Accip iunto.   qu'ils reçoivent.

SUBJONCTIF.

PRÉSENT.

Sing. Accip iam,   que je reçoive.
      Accip ias,   que tu reçoives.
      Accip iat,   qu'il reçoive.
Plur. Accip iamus,   que nous recevions.
      Accip iatis,   que vous receviez.
      Accip iant.   qu'ils reçoivent.

IMPARFAIT.

Sing. Accip erem,   que je reçusse.
      Accip eres,   que tu reçusses.
      Accip eret,   qu'il reçût.
Plur. Accip eremus,   que nous reçussions.
      Accip eretis,   que vous reçussiez.
      Accip erent,   qu'ils reçussent.

Autrement : *Je recevrois, tu recevrois, il recevroit ; nous recevrions,* etc.

PARFAIT.

Accep erim, *que j'aie reçu...* (*comme* leg erim).

PLUSQUE-PARFAIT.

PLUSQUE-PARFAIT.

Accep issem, *que j'eusse reçu.. (comme* leg issem).
 Autrement : *J'aurois reçu, tu aurois reçu, il auroit reçu,* etc.

INFINITIF.
Présent et imparfait.

Accipe re, *recevoir, qu'il reçoit* ou *qu'il recevoit.*

Parfait et Plusque-Parfait.

Accep isse, *avoir reçu, qu'il a* ou *qu'il avoit reçu.*

Futur. (*Il se décline*).

Accep turum, accep turam esse, *devoir recevoir;*
              (*qu'il recevra,* ou *qu'il recevroit.*

Futur passé. (*Il se décline*).

Accep turum, accep turam fuisse, *avoir dû recevoir,*
              (*qu'il aura* ou *qu'il auroit reçu.*

Participe Présent.

Accip iens, ientis, *recevant, qui reçoit* ou *qui*
                             (*recevoit.*

Participe Futur.

Accep turus, ra, rum, *devant recevoir, qui recevra,*
                (*ou qui doit recevoir.*

Supin.

Accep tum,   *à recevoir.*

Gérondifs.

Accip iendi,   *de recevoir;*
Accip iendo,   *en recevant.*
Accip iendum.   *à recevoir,* ou *pour recevoir.*

QUATRIÈME CONJUGAISON.
IRE, IS.
INDICATIF.
Présent.

Sing.	Aud io,	*j'entends* ou *j'écoute.*
	Aud is,	*tu entends* ou *tu écoutes.*
	Aud it,	*il entend* ou *il écoute.*
Plur.	Aud imus,	*nous entendons* ou, etc.
	Aud itis,	*vous entendez.*
	Aud iunt,	*ils entendent.*

C

Imparfait.

Sing.	Aud iebam,	j'entendois ou j'écoutois.
	Au iebas,	tu entendois.
	Aud iebat,	il entendoit.
Plur.	Aud iebamus,	nous entendions.
	Aud iebatis,	vous entendiez.
	Aud iebant,	ils entendoient.

Parfait.

Sing.	Aud ivi,	j'ai entendu.
	Aud ivisti,	tu as entendu.
	Aud ivit,	il a entendu.
Plur.	Aud ivimus,	nous avons entendu.
	Aud ivistis,	vous avez entendu.

Aud iverunt *ou* aud ivère, ils ont entendu.

Autrement pour le français: J'entendis, tu entendis, il entendit; nous entendîmes, vous entendîtes, ils entendirent.

Ou: J'eus entendu, tu eus entendu, il eût entendu; nous eûmes-entendu, vous eûtes entendu, ils eurent entendu.

Plusque-Parfait.

Sing.	Aud iveram,	j'avois entendu.
	Aud iveras,	tu avois entendu.
	Aud iverat,	il avoit entendu.
Plur.	Aud iveramus,	nous avions entendu,
	Aud iveratis,	vous aviez entendu.
	Aud iverant,	ils avoient entendu.

Futur.

Sing.	Aud iam,	j'entendrai.
	Aud ies,	tu entendras.
	Aud iet,	il entendra.
Plur.	Aud iemus,	nous entendrons.
	Aud ietis,	vous entendrez.
	Aud ient,	ils entendront.

Futur passé.

Sing.	Aud ivero,	j'aurai entendu.
	Aud iveris,	tu auras entendu.
	Aud iverit,	il aura entendu.
Plur.	Aud iverimus,	nous aurons entendu.
	Aud iveritis,	vous aurez entendu.
	Aud iverint.	ils auront entendu.

IMPÉRATIF.

Point de première personne au singulier.

Sing Aud i *ou* aud ito,   entends.
       Aud ito (ille),   qu'il entende.
Plur. Aud iamus,   entendons.
       Audite *ou* auditote,   entendez.
       Aud iunto,   qu'ils entendent.

SUBJONCTIF.

Présent.

Sing. Aud iam,   que j'entende.
       Aud ias,   que tu entendes.
       Aud iat,   qu'il entende.
Plur. Aud iamus,   que nous entendions.
       Aud iatis,   que vous entendiez.
       Aud iant,   qu'ils entendent.

Imparfait.

Sing. Aud irem,   que j'entendisse.
       Aud ires,   que tu entendisses.
       Aud iret,   qu'il entendît.
Plur. Aud iremus,   que nous entendissions.
       Aud iretis,   que vous entendissiez.
       Aud irent,   qu'ils entendissent.

Autrement pour le français: J'entendrois, tu entendrois, il entendroit; nous entendrions, vous entendriez, ils entendroient.

Parfait.

Sing. Aud iverim,   que j'aie entendu.
       Aud iveris,   que tu aies entendu.
       Aud iverit,   qu'il ait entendu.
Plur. Aud iverimus,   que nous ayons entendu.
       Aud iveritis,   que vous ayez entendu.
       Aud iverint,   qu'ils aient entendu.

Plusque-Parfait.

Sing. Aud ivissem,   que j'eusse entendu.
       Aud ivisses,   que tu eusses entendu.
       Aud ivisset,   qu'il eût entendu.
Plur. Aud ivissemus, que nous eussions entendu.
       Aud ivissetis, que vous eussiez entendu.
       Aud ivissent,   qu'ils eussent entendu.

Autrement pour le français: J'aurois entendu, tu

aurois entendu, il auroit entendu; nous aurions entendu, vous auriez entendu, ils auroient entendu.

INFINITIF.

Présent et Imparfait.

Aud ire, *entendre, qu'il entend* ou *qu'il entendoit.*

Parfait et Plusque-Parfait.

Aud ivisse, *avoir entendu, qu'il a* ou *qu'il avoit entendu.*

Futur. (*Il se décline*).

Aud iturum, aud ituram esse, *devoir entendre, qu'il entendra,* ou *qu'il entendroit.*

Futur Passé. (*Il se décline*).

Aud iturum, aud ituram fuisse, *avoir dû entendre, (qu'il eût entendu.*

Participe Présent.

Aud iens, aud ientis, *entendant, qui entend* ou *qui entendoit.*

Participe Futur.

Aud iturus, aud itura, aud iturum, *devant entendre, qui doit,* ou *qui devoit entendre.*

Supin.

Aud itum,   *à entendre.*

Gérondifs.

Aud iendi,   *d'entendre.*
Aud iendo,   *en entendant.*
Aud iendum,   *à entendre* ou *pour entendre.*

Ainsi se conjuguent *aperire,* ouvrir; *munire,* fortifier; *sepelire,* ensevelir; *punire,* punir; *haurire,* puiser; *fulcire,* appuyer; *expedire,* délivrer; *sentire,* sentir; *impedire,* empêcher; *ferire,* frapper; *lenire,* adoucir, etc.

Remarque.

On peut faire une *syncope,* c'est-à-dire, retrancher quelques lettres dans les parfaits et dans tous les temps qui en sont formés, en ôtant *ve* ou *vi,* et quelquefois le *v* seulement dans la quatrième conjugaison, ainsi l'on dit *amarunt* pour *amaverunt; implessem* pour *implevissem; audieram* pour *audiveram; audiissem* pour *audivissem.*

TABLEAU GÉNÉRAL,

Dans lequel on a mis sous le même coup-d'œil les quatre Conjugaisons.

	1.		2.		3.		4.	
INDICATIF.								
Présent.	Am o,	as,	mon eo,	es,	leg o	is,	aud io,	is.
Imparfait.	Am abam,	as,	mon ebam,	as,	leg ebam,	as,	aud iebam,	as.
Parfait.	Am avi,	isti,	mon ui	isti,	leg i,	isti,	aud ivi	isti.
Plusque-Parfait.	Am averam,	as,	mon ueram,	as,	leg eram,	as,	aud iveram,	as.
Futur.	Am abo,	is,	mon ebo,	is,	leg am,	es,	aud iam,	es.
Futur passé.	Am avero,	is,	mon uero,	is,	leg ero,	is,	aud ivero,	is.
IMPÉRATIF.	Am a,	to,	mon e,	to,	leg e,	ito,	aud i,	to.
SUBJONCTIF.								
Présent.	Am em,	es,	mon eam,	as,	leg am,	as,	aud iam,	as.
Imparfait.	Am arem,	es,	mon erem,	es,	leg erem,	es,	aud irem,	es.
Parfait.	Am averim,	is,	mon uerim,	is,	leg erim,	is,	aud iverim,	is.
Plusque-Parfait.	Am avissem,	es,	mon uissem,	es,	leg issem,	es,	aud ivissem,	es.
INFINITIF.	Am are,	visse,	mon ere,	uisse,	leg ere,	isse,	aud ire,	ivisse.

DES TEMPS DES VERBES.

Les temps des verbes latins se divisent en temps primitifs et en temps dérivés.

Les temps *primitifs* sont ceux qui servent à former les autres temps dans les quatre conjugaisons, et qui ne sont eux-mêmes formés d'aucun autre.

Les temps *dérivés* sont ceux qui se forment des temps primitifs.

Il y a quatre temps primitifs; savoir: le présent de l'indicatif, le parfait de l'indicatif, le présent de l'infinitif, et le supin en *um*.

Formation des temps dérivés, dans les verbes actifs.

L'imparfait de l'indicatif se forme du présent de l'indicatif en changeant *o* en *abam* pour la première conjugaison: am *o*, am *abam* en changeant *o* en *bam*; dans la seconde conjugaison: mone *o*, mone *bam*; en changeant *o* en *ebam* dans la troisième et la quatrième conjugaisons: leg *o*, leg *ebam*; accipi *o*, accipi *ebam*; audi *o*, audi *ebam*.

Le plusque-parfait de l'indicatif se forme du parfait en changeant *i* en *eram* : amav *i*, amav *eram*; monu *i*, monu *eram*; leg *i*, leg *eram*; audiv *i*, audiv *eram*.

Le futur simple de l'indicatif se forme du présent de l'indicatif, en changeant *o* en *abo* dans les verbes de la première conjugaison: am *o*, am *abo*; en changeant *o* en *bo* dans les verbes de la seconde, doce *o*, doce *bo*; et en changeant *o* en *am* dans les verbes de la troisième et de la quatrième: leg *o*, leg *am*; accipi *o*, accipi *am*; audi *o*, audi *am*.

Le futur passé de l'indicatif se forme du parfait, en changeant *i*, en *ero*: amav *i*, amav *ero*; monu *i*, monu *ero*; leg *i*, leg *ero*; accepe *i*, accep *ero*; audiv *i*, audiv *ero*.

L'impératif se forme du présent de l'infinitif, en retranchant la dernière syllabe *re*: ama *re*, *ama*; mone *re*, *mone*; lege *re*, *lege*; accipe *re*, *accipe*; audi *re*, *audi*.

Trois verbes sont exceptés, *dico*, *duco*, *facio*, qui font à l'impératif, *dic*, *duc*, *fac*.

Le présent du subjonctif se forme du présent de l'indicatif, en changant *o* en *em* pour la première conjugaison: am *o*, am *em*; et en changant *o* en *am* pour les trois autres: mone *o*, mone *am*; leg *o*, leg *am*, accipi *o*, accipi *am*, audi *o*, audi *am*.

L'imparfait du subjonctif se forme du présent de l'infinitif en ajoutant *m*: amare, amare *m*; monere, monere *m*; legere, legere *m*; accipere, accipere *m*, audire, audire *m*.

Le parfait du subjonctif se forme du parfait de l'indicatif, en changeant *i* en *erim*: amav *i*, amav *erim*; monu *i*, monu *erim*; leg *i*, leg *erim*; accep *i*, accep *erim*; audiv *i*, audiv *erim*.

Le plusque-parfait du subjonctif se forme du parfait de l'indicatif, en ajoutant *ssem*: amavi, amavi *ssem*; monui, monui *ssem*; legi, legi *ssem*; audivi, audivi *ssem*.

Le parfait de l'infinitif se forme du parfait

de l'indicatif, en ajoutant *sse:* amavi, amavi *sse;* monui, monui *sse;* legi, legi *sse;* audivi, audivi *sse.*

Le futur de l'infinitif se forme du supin en *um*, en changeant *m* en *rum, ram, rum:* amatum, amatu *rum*, amatu *ram;* monit *um*, monitu *rum*, monitu *ram;* lect *um*, lecturum, lectu *ram*, etc.

Le participe présent se forme du présent de l'indicatif, en changeant *o* en *ans* pour la première conjugaison: am *o*, am *ans;* en changeant *o* en *ns* pour les verbes de la seconde: doce *o* doce *ns;* et changeant *o* en *ens* dans les verbes de la troisième et de la quatrième: leg *o*, leg *ens;* accipi *o*, accipi *ens;* audi *o*, audi *ens.*

Le participe futur se forme du supin en *um*, en changeant *m* en *rus, ra, rum:* amatum, amatu *rus*, amatu *ra*, amatu *rum*, etc.

Les gérondifs se forment du présent de l'indicatif, en changeant *o* en *andi, ando, andum,* dans la première conjugaison: amo, am *andi*, am *ando*, am *andum;* en changeant *o* en *ndi, ndo, ndum* dans la seconde conjugaison : mone *o*, mone *ndi*, mone *ndo*, mone *ndum*, et en changeant *o* en *endi, endo, endum,* dans les verbes de la troisième et de la quatrième: leg *o*, leg *endi*, leg *endo*, leg *endum;* audi *o* audi *endi*, audi *endo*, audi *endum*, etc.

CONJUGAISON DES VERBES PASSIFS.

On forme le verbe passif en ajoutant *r* à l'actif: *amo, amor; dŏceo, doceor.*

Première conjugaison passive.

AMARI.

INDICATIF.

PRÉSENT.

Sing. Am or,   je suis aimé.
      Am aris, *ou* am are, tu es aimé.
      Am atur,   il est aimé.
Plur. Am amur,   nous sommes aimés.
      Am amini,   vous êtes aimés.
      Am antur,   ils sont aimés.

IMPARFAIT.

Sing. Am abar,   j'étois aimé.
      Am abaris *ou* am abare, tu étois aimé.
      Am abatur,   il étoit aimé.
Plur. Am abamur,   nous étions aimés.
      Am abamini,   vous étiez aimés.
      Am abantur,   ils étoient aimés.

PARFAIT. (*Il se décline*).

Sing. Am atus sum *ou* fui,   j'ai été aimé.
      Am atus es *ou* fuisti, tu as été aimé.
      Am atus est *ou* fuit,   il a été aimé.
Plur. Am ati sumus *ou* fuimus, nous avons été aimés.
      Am ati estis *ou* fuistis, vous avez été aimés.
      Am ati sunt *ou* fuerunt, ils ont été aimés.

Autrement pour le français: *Je fus aimé, tu fus aimé, il fut aimé; nous fûmes aimés, vous fûtes aimés, ils furent aimés.*

Ou: *J'eus été aimé, tu eus été aimé, il eut été aimé; nous eûmes été aimés, vous eûtes été aimés, ils eurent été aimés.*

PLUSQUE-PARFAIT. (*Il se décline*).

Sing. Am atus eram *ou* fueram,   j'avois été aimé.
      Am atus eras *ou* fueras,   tu avois été aimé.
      Am atus erat *ou* fuerat,   il avoit été aimé.
Plur. Am ati eramus *ou* fueramus, nous avions été aimés.
      Am ati eratis *ou* fueratis, vous aviez été aimés.
      Am ati erant *ou* fuerant,   ils avoient été aimés.

C 5

FUTUR.

Sing.	Am abor,	je serai aimé.
	Am aberis, ou am abere,	tu seras aimé.
	Am abitur,	il sera aimé.
Plur.	Am abimur,	nous serons aimés.
	Am abimini,	vous serez aimés.
	Am abuntur,	ils seront aimés.

FUTUR PASSÉ. (*il se décline*).

Sing.	Am atus ero ou fuero,	j'aurai été aimé.
	Am atus eris ou fueris,	tu auras été aimé.
	Am atus erit ou fuerit,	il aura été aimé.
Plur.	Am ati erimus ou fuerimus,	nous aurons été aimés.
	Am ati eritis ou fueritis,	vous aurez été aimés.
	Am ati erunt ou fuerunt,	ils auront été aimés.

IMPÉRATIF.

Point de première personne au singulier.

Sing.	Am are ou am ator,	sois aimé.
	Am ator (ille),	qu'il soit aimé.
Plur.	Am emur,	soyons aimés.
	Am amini,	soyez aimés.
	Am antor,	qu'ils soient aimés.

SUBJONCTIF.

PRÉSENT.

Sing.	Am er,	que je sois aimé.
	Am ers ou am ere,	que tu sois aimé.
	Am etur,	qu'il soit aimé.
Plur.	Am emur,	que nous soyons aimés.
	Am emini,	que vous soyez aimés.
	Am entur,	qu'ils soient aimés.

IMPARFAIT.

Sing.	Am arer,	que je fusse aimé.
	Am areris ou am arere,	que tu fusses aimé.
	Am aretur,	qu'il fût aimé.
Plur.	Am aremur,	que nous fussions aimés.
	Am aremini,	que vous fussiez aimés.
	Am arentur,	qu'ils fussent aimés.

Autrement pour le français: *Je serois aimé, tu serois aimé, il seroit aimé ; nous serions aimés, vous seriez aimés, ils seroient aimés.*

PARFAIT. (*Il se décline*).

Sing.	Am atus sim ou fuerim,	que j'aie été aimé.
	Am atus sis ou fueris,	que tu aies été aimé.
	Am atus sit ou fuerit,	qu'il ait été aimé.

Plur. Am ati simus *ou* fuerimus, *que nous ayons été aimés.*
Am ati sitis *ou* fueritis, *que vous ayez été aimés.*
Am ati sint *ou* fuerint, *qu'ils aient été aimé.*

PLUSQUE-PARFAIT. (*Il se décline*).

Sing. Am atus essem *ou* fuissem, *que j'eusse été aimé.*
Am atus esses *ou* fuisses, *que tu eusses été aimé.*
Am atus esset *ou* fuisset, *qu'il eût été aimé.*
Plur. Am ati essemus *ou* fuissemus, *que nous eussions été*
(*aimés.*
Am ati essetis *ou* fuissetis, *que vous eussiez été*
(*aimés.*
Am ati essent *ou* fuissent, *qu'ils eussent été aimés.*

Autrement pour le français: *J'aurois été aimé, tu aurois été aimé, il auroit été aimé; nous aurions été aimés, vous auriez été aimés, ils auroient été aimés.*

INFINITIF.

PRÉSENT et IMPARFAIT.

Am ari, *être aimé, qu'il est ou étoit aimé.*

PARFAIT et PLUSQUE-PARFAIT. (*Il se décline*).

Am atum, am atam fuisse, *avoir été aimé, qu'il a été*
(*ou avoit été aimé.*

FUTUR.

Am atum (*indécl'n.*) iri, am andum (*il se décline*) esse,
(*devoir être aimé, qu'il sera ou qu'il seroit aimé.*

FUTUR PASSÉ. (*Il se décline*).

Am andum fuisse, *avoir dû être aimé, qu'il auroit ou qu'il*
(*eût été aimé.*

PARTICIPE PASSÉ.

Am atus, am ata, am atum, *aimé, ayant été aimé, qui*
(*a été aimé.*

PARTICIPE FUTUR.

Am andus, am anda, am andum, *devant être aimé, qui*
(*doit, qui devoit être aimé.*

SUPIN.

Am atu, *à être aimé.*

Ainsi se conjuguent *laudor*, je suis loué; *vituperor*, je suis blâmé; *verberor*, je suis frappé; *vocor*, je suis appelé, etc.

REMARQUE. Tous les temps composés se déclinent, tant au singulier qu'au pluriel, comme *bonus, a, um,* et ils s'accordent en genre, en nombre et en cas avec leur nominatif. *Exemples.* Le père a été aimé, *pater amatus est*; la mère a été aimée, *mater amata est.*

Seconde Conjugaison passive.

MONERI.

INDICATIF.

Présent

Sing. Mon eor,   je suis averti.
Mon eris *ou* mon ere,   tu es averti.
Mon etur,   il est averti.
Plur. Mon emur,   nous sommes avertis.
Mon emini,   vous êtes avertis.
Mon entur,   ils sont avertis.

Imparfait.

Sing. Mon ebar,   j'étois averti.
Mon ebaris *ou* monebare,   tu étois averti.
Mon ebatur,   il étoit averti.
Plur. Mon ebamur,   nous étions avertis.
Mon ebamini,   vous étiez avertis.
Mon ebantur,   ils étoient avertis.

Parfait. (*Il se décline*).

Sing. Mon itus sum *ou* fui,   j'ai été averti.
Mon itus es *ou* fuisti,   tu as été averti.
Mon itus est *ou* fuit,   il a été averti.
Plur. Mon iti sumus *ou* fuimus,   nous avons été avertis.
Mon iti estis *ou* fuistis,   vous avez été avertis.
Mon iti sunt *ou* fuerunt,   ils ont été avertis.

Autrement pour le français : *Je fus averti, tu fus averti, il fut averti ; nous fûmes avertis, vous fûtes avertis, ils furent avertis.*

Ou : *J'eus été averti, tu eus été averti, il eut été averti ; nous eûmes été avertis, vous eûtes été avertis, ils eurent été avertis.*

Plusque-Parfait. (*Il se décline*).

Sing. Mon itus eram *ou* fueram, j'avois été averti.
Mon itus eras *ou* fueras,   tu avois été averti.
Mon itus erat *ou* fuerat,   il avoit été averti.
Plur. Mon iti eramus *ou* fueramus, nous avions été avertis.
Mon iti eratis *ou* fueratis, vous aviez été avertis.
Mon iti erant *ou* fuerant,   ils avoient été avertis.

Futur.

Sing. Mon ebor,   je serai averti.
Mon eberis *ou* mon ebere, tu seras averti.
Mon ebitur,   il sera averti.

de Lhomond.

Plur. Mon ebimur,   nous serons avertis.
     Mon ebimini,   vous serez avertis.
     Mon ebuntur,   ils seront avertis.

FUTUR PASSÉ. (Il se décline).

Sing. Mon itus ero ou fuero,   j'aurai été averti.
      Mon itus eris ou fueris,   tu auras été averti.
      Mon itus erit ou fuerit,   il aura été averti.
Plur. Mon iti erimus ou fuerimus, nous aurons été avertis.
      Mon iti eritis ou fueritis, vous aurez été avertis.
      Mon iti erunt ou fuerint, ils auront été avertis.

IMPÉRATIF.

Point de première personne au singulier.

Sing. Mon ere ou monetor,   sois averti.
      Mon etor (ille),   qu'il soit averti.
Plur. Mon eamur,   soyons avertis.
      Mon emini,   soyez avertis.
      Mon entor,   qu'ils soient avertis.

SUBJONCTIF.

PRÉSENT.

Sing. Mon ear,   que je sois averti.
      Mon earis ou mon eare,   que tu sois averti.
      Mon eatur,   qu'il soit averti.
Plur. Mon eamur,   que nous soyons avertis.
      Mon eamini,   que vous soyez avertis.
      Mon eantur,   qu'ils soient avertis.

IMPARFAIT.

Sing. Mon erer,   que je fusse averti.
      Mon ereris ou mon erere,   que tu fusses averti.
      Mon eretur,   qu'il fût averti.
Plur. Mon eremur,   que nous fussions avertis.
      Mon eremini,   que vous fussiez avertis.
      Mon erentur,   qu'ils fussent avertis.

Autrement pour le français : *Je serois averti, tu serois averti, il seroit averti*, etc.

PARFAIT (Il se décline).

Sing. Mon itus sim ou fuerim,   que j'aie été averti.
      Mon itus sis ou fueris,   que tu aies été averti.
      Mon itus sit ou fuerit,   qu'il ait été averti.
Plur. Mon iti simus ou fuerimus, que nous ayons été avertis.
      Mon iti sitis ou fueritis, que vous ayez été avertis.
      Mon iti sint ou fuerint,   qu'ils aient été avertis.

Grammaire latine

PLUSQUE PARFAIT. (*Il se décline.*)

Sing. Mon itus essem *ou* fuissem, *que j'eusse été averti.*
Mon itus esses *ou* fuisses, *que tu eusses été averti.*
Mon itus esset *ou* fuisset, *qu'il eût été averti.*
Plur. Mon iti essemus *ou* fuissemus, *que nous eussions été avertis.*
Mon iti essetis *ou* fuissetis, *que vous eussiez été avertis.*
Mon iti essent *ou* fuissent, *qu'ils eussent été avertis.*
Autrement pour le français : *j'aurois été averti*, etc.

INFINITIF.

PRÉSENT et IMPARFAIT.

Moneri, *être averti, qu'il est ou qu'il étoit averti.*

PARFAIT et PLUSQUE-PARFAIT. (*Il se décline.*)

Mon itum, mon itam esse, *avoir été averti, qu'il a ou qu'il*
                      (*avoit été averti, avertie.*

FUTUR.

Mon itum (*Indécl.*) iri; mon endum (*décl.*) esse, *devoir être*
                   (*averti, qu'il sera ou qu'il seroit averti.*

FUTUR PASSÉ (*Il se décline*).

Mon endum fuisse, *avoir dû être averti, qu'il auroit, qu'il eût*
                      (*été averti.*

PARTICIPE PASSÉ.

Mon itus, ita, itum, *averti, ayant été averti, qui a été*
                      (*averti.*

PARTICIPE FUTUR.

Mon endus, da, dum, *devant être averti.*

SUPIN.

Mon itu,   *à être averti.*

Ainsi se conjuguent : *doceor*, je suis instruit; *terreor*, je suis épouvanté; *teneor*, je suis tenu; *impleor*, je suis rempli, etc.

Troisième conjugaison passive.
LEGI.

INDICATIF.

Sing. Leg or,   *je suis lu.*
Leg eris *ou* leg ere,   *tu es lu.*
Leg itur,   *il est lu.*
Plur. Leg imur,   *nous sommes lus.*
Leg imini,   *vous êtes lus.*
(1) Leg untur,   *ils sont lus.*

(1) Les verbes en *ior* font *iuntur, accipiuntur.*

IMPARFAIT.

Sing. (1) Leg ebar,   j'étois lu.
      Leg ebaris ou leg ebare,   tu étois lu.
      Leg ebatur,   il étoit lu.
Plur. Leg ebamur,   nous étions lus.
      Leg ebamini,   vous étiez lu.
      Leg ebantur,   ils étoient lus.

PARFAIT. (Il se décline).

Sing. Lec tus sum ou fui,   j'ai été lu.
      Lec tus es ou fuisti,   tu as été lu.
      Lec tus est ou fuit,   il a été lu.
Plur. Lec ti sumus ou fuimus,   nous avons été lus.
      Lec ti estis ou fuistis,   vous avez été lus.
      Lec ti sunt ou fuerunt,   ils ont été lus.

Autrement pour le français : *je fus lus, tu fus lu, il fut lu ; nous fûmes lus, vous fûtes lus, ils furent lus.*

Ou : *J'eus été lu, tu eus été lu, il eut été lu ; nous eûmes été lus, vous eûtes été lus, ils eurent été lus.*

PLUSQUE-PARFAIT.

Sing. Lec tus eram ou fueram,   j'avois été lu.
      Lec tus eras ou fueras,   tu avois été lu.
      Lec-tus erat ou fuerat,   il avoit été lu.
Plur. Lec ti eramus ou fueramus,   nous avions été lus.
      Lec ti eratis ou fueratis,   vous aviez été lus.
      Lec ti erant ou fuerant,   ils avoient été lus.

FUTUR.

Sing. (2) Leg ar,   je serai lu.
      Leg eris ou leg ere,   tu seras lu.
      Leg etur,   il sera lu.
Plur. Leg emur,   nous serons lus.
      Leg emini,   vous serez lus.
      Leg entur,   ils seront lus.

FUTUR PASSÉ. (Il se décline).

Sing. Lec tus ero ou fuero,   j'aurai été lu.
      Lec tus eris, ou fueris,   tu auras été lu.
      Lec-tus erit ou fuerit,   il aura été lu.
Plur. Lec ti erimus ou fuerimus,   nous aurons été lus.
      Lec ti eritis ou fueritis,   vous aurez été lus.
      Lec ti erunt ou fuerint,   ils auront été lus.

IMPÉRATIF.

Point de première personne au singulier.

Sing. Leg ere ou leg itor,   sois lu.
      Leg itor (ille),   qu'il soit lu.

---

(1) Ceux en *ior* font *iebar*, *accip iebar*.
(2) Les verbes en *ior* font au futur *iar*, *accip iar*.

Plur. (1) Leg amur, soyons lus.
Leg imini, soyez lus.
(2) Leg untor, qu'ils soient lus.

SUBJONCTIF.
Présent.

Sing. (3) Leg ar, que je sois lu.
Leg aris *ou* leg are, que tu sois lu.
Leg atur, qu'il soit lu.
Plur. Leg amur, que nous soyons lus.
Leg amini, que vous soyez lus.
Leg antur, qu'ils soient lus.

IMPARFAIT.

Sing. Leg erer, que je fusse lu.
Leg ereris *ou* leg erere, que tu fusses lu.
Leg eretur, qu'il fût lu.
Plur. Leg eremur, que nous fussions lus.
Leg eremini, que vous fussiez lus.
Leg erentur, qu'ils fussent lus.

Autrement pour le français : *Je serois lu, tu serois lu, il seroit lu; nous serions lus, vous seriez lus, ils seroient lus.*

PARFAIT. (*Il se décline*).

Sing. Lec tus sim *ou* fuerim, que j'aie été lu.
Lec tus sis *ou* fueris, que tu aies été lu.
Lec tus sit *ou* fuerit, qu'il ait été lu.
Plur. Lec ti simus *ou* fuerimus, que nous ayons été lus.
Lec ti sitis *ou* fueritis, que vous ayez été lus.
Lec ti sint *ou* fuerint, qu'ils aient été lus.

PLUSQUE-PARFAIT. (*Il se décline*).

Sing. Lec tus essem *ou* fuissem, que j'eusse été lu.
Lec tus esses *ou* fuisses, que tu eusses été lu.
Lec tus esset *ou* fuisset, qu'il eût été lu.
Plur. Lec ti essemus *ou* fuissemus, que nous eussions été lus.
Lec ti essetis *ou* fuissetis, que vous eussiez été lus.
Lec ti essent *ou* fuissent, qu'ils eussent été lus.

Autrement pour le français: *J'aurois été lu, tu aurois été lu, il auroit été lu; nous aurions été lus, vous auriez été lus, ils auroient été lus.*

INFINITIF.
Présent et Imparfait.

Leg i, *être lu.*

(1) Les verbes en *ior* font *iamur, accip iamur.*
(2) Ceux en *ior* font *iuntor, accip iuntor.*
(3) Ceux en *ior* font au subjonctif *iar, accip iar.*

PARFAIT et PLUSQUE-PARFAIT. *(Il se décline).*

Lec tum, lec tam esse, *avoir été lu.*

FUTUR.

Lec tum *(indéc.)* iri, leg endum *(décl.)* esse, *devoir*
(*être lu, qu'il sera ou qu'il seroit lu.*

FUTUR PASSÉ *(Il se décline).*

Leg endum fuisse, *avoir dû être lu, qu'il auroit ou*
(*qu'il eût été lu.*

PARTICIPE PASSÉ.

Lec tus, lec ta, lec tum, *lu, ayant été lu ou qu'a*
(*été lu.*

PARTICIPE FUTUR.

Leg endus, leg enda, leg endum, *devant être lu, qui*
(*doit ou qui devoit être lu.*

SUPIN.

Lec tu, *à être lu.*

Ainsi se conjuguent *vincor*, je suis vaincu; *scribor*, je suis écrit; *cognoscor*, je suis connu, etc.

Quatrième conjugaison passive.

AUDIRI.

INDICATIF.

PRÉSENT.

Sing.	Aud ior,	*je suis écouté ou entendu.*
	Aud iris *ou* aud ire,	*tu es écouté.*
	Aud itur,	*il est écouté.*
Plur.	Aud imur,	*nous sommes écoutés ou entendus.*
	Aud imini,	*vous êtes écoutés.*
	Aud iuntur,	*ils sont écoutés.*

IMPARFAIT.

Sing.	Aud iebar,	*j'étois écouté ou entendu.*
	Aud iebaris *ou* aud iebare,	*tu étois écouté.*
	Aud iebatur,	*il étoit écouté.*
Plur.	Aud iebamur,	*nous étions écoutés.*
	Aud iebamini,	*vous étiez écoutés.*
	Aud iebantur,	*ils étoient écoutés.*

PARFAIT. *(Il se décline).*

Sing.	Aud itus sum *ou* fui,	*j'ai été écouté,* etc.
	Aud itus es *ou* fuisti,	*tu as été écouté.*
	Aud itus est *ou* fuit,	*il a été écouté.*

Plur. Aud iti sumus *ou* fuimus,   nous avons été écoutés.
Aud iti estis *ou* fuistis,   vous avez été écoutés.
Aud iti sunt *ou* fuerunt,   ils ont été écoutés.

Autrement pour le français: *Je fus écouté, tu fus écouté, il fut écouté; nous fûmes écoutés, vous fûtes écoutés, ils furent écoutés.*

Ou: *J'eus été écouté, tu eus été écouté, il eut été écouté; nous eûmes été écoutés, vous eûtes été écoutés, ils eurent été écoutés.*

PLUSQUE-PARFAIT. (*Il se décline*).

Sing. Aud itus eram *ou* fueram,   j'avois été écouté.
Aud itus eras *ou* fueras,   tu avois été écouté.
Aud itus erat *ou* fuerat.   il avoit été écouté.
Plur. Aud iti eramus *ou* fueramus, nous avions été écoutés.
Aud iti eratis *ou* fueratis,   vous aviez été écoutés.
Aud iti erant *ou* fuerant,   ils avoient été écoutés.

FUTUR.

Sing. Aud iar,   je serai écouté.
Aud ieris *ou* aud iere,   tu seras écouté.
Aud ietur,   il sera écouté.
Plur. Aud iemur,   nous serons écoutés.
Aud iemini,   vous serez écoutés.
Aud ientur,   ils seront écoutés.

FUTUR PASSÉ. (*Il se décline*).

Sing. Aud itus ero *ou* fuero,   j'aurai été écouté.
Aud itus eris *ou* fueris,   tu auras été écouté.
Aud itus erit *ou* fuerit,   il aura été écouté.
Plur. Aud iti erimus *ou* fuerimus, nous aurons été écoutés.
Aud iti eritis *ou* fueritis,   vous aurez été écoutés.
Aud iti erunt *ou* fuerunt,   ils auront été écoutés.

IMPÉRATIF.

Point de première personne au singulier.

Sing. Aud ire *ou* aud itor,   sois écouté.
Aud itor (ille)   qu'il soit écouté.
Plur. Aud iamur,   soyons écoutés.
Aud iamini,   soyez écoutés.
Aud iuntor,   qu'ils soient écoutés.

SUBJONCTIF.

PRÉSENT.

Sing. Aud iar,   que je sois écouté.
Aud iaris *ou* aud iare,   que tu sois écouté.
Aud iatur,   qu'il soit écouté.
Plur. Aud iamur,   que nous soyons écoutés.
Aud iamini,   que vous soyez écoutés.
Aud iantur,   qu'ils soient écoutés.

de Lhomond.

Imparfait.

Sing. Aud irer,   que je fusse écouté.
      Aud ireris ou aud irere, que tu fusses écouté.
      Aud iretur,   qu'il fut écouté.
Plur. Aud iremur,   que nous fussions écoutés.
      Aud iremini,   que vous fussiez écoutés.
      Aud irentur,   qu'ils fussent écoutés.

Autrement pour le français : *Je serois écouté, tu serois écouté, il seroit écouté ; nous serions écoutés, vous seriez écoutés, ils seroient écoutés.*

Parfait. (Il se décline.)

Sing. Aud itus sim ou fuerim,   que j'aie été écouté.
      Aud itus sis ou fueris,   que tu aies été écouté.
      Aud itus sit ou fuerit,   qu'il ait été écouté.
Plur. Aud iti simus ou fuerimus, que nous ayons été écoutés.
      Aud iti sitis ou fueritis, que vous ayez été écoutés.
      Aud iti sint ou fuerint, qu'ils aient été écoutés.

Plusque-Parfait. (Il se décline.)

Sing. Aud itus essem ou fuissem, que j'eusse été écouté.
      Aud itus esses ou fuisses, que tu eusses été écouté.
      Aud itus esset ou fuisset, qu'il eut été écouté.
Plur. Aud iti essemus ou fuissemus, que nous eussions été écoutés.
      Aud iti essetis ou fuissetis, que vous eussiez été écoutés.
      Aud iti essent ou fuissent, qu'ils eussent été écoutés.

Autrement pour le français : *J'aurois été écouté, tu aurois été écouté, il auroit été écouté ; nous aurions été écoutés, vous auriez été écoutés, ils auroient été écoutés.*

INFINITIF.

Présent et Imparfait.

Aud iri, *être écouté.*

Parfait et Plusque-Parfait. (Il se décline).

Aud itum, aud itam esse ou fuisse, *avoir été écouté.*

Futur.

Aud itum, (*indécl.*) iri, aud iendum, (*décl.*) esse, *devoir être écouté, qu'il sera ou qu'il seroit écouté.*

Futur passé. (Il se décline).

Aud iendum fuisse, *avoir dû être écouté, qu'il auroit ou qu'il eut été écouté.*

Participe passé.

Aud itus, aud ita, aud itum, *écouté, ayant été écouté, ou qui (a été écouté.*

Participe futur.

Aud iendus, aud ienda, aud iendum, *devant être écouté, qui doit* ou *qui devoit être écouté.*

Supin.

Auditu, *à être écouté.*

Ainsi se conjuguent *aperior,* je suis ouvert; *munior,* je suis fortifié; *sepelior,* je suis enseveli; *punior,* je suis puni, etc.

Formation *des temps dérivés dans les verbes passifs.*

Les temps du passif se divisent en temps simples et en temps composés.

Les temps *simples* sont ceux qui ne sont que d'un mot, comme *amor, amabor,* etc.

Les temps *composés* sont ceux qui empruntent un des temps du verbe *sum;* comme *amatus sum, amatus essem,* etc.

Les temps simples du passif se forment des mêmes temps de l'actif, en ajoutant *r* à ceux qui sont terminés en *o: amo, amor;* et en changeant *m* en *r* aux temps de l'actif qui sont terminés en *m: amabam, amabar; amarem, amarer; legam, legar; audiam, audiar,* etc.

Remarque.

L'impératif, dans tous les verbes passifs, est semblable au présent de l'infinitif actif. *Ex.* Infinitif actif, *amare;* impératif passif, *amare;* infinitif actif, *docere;* impératif passif, *docere,* etc.

TABLEAU GÉNÉRAL,

Dans lequel on a mis sous le même coup-d'œil les quatre Conjugaisons passives.

INDICATIF.	1.		2.		3.		4.	
Présent.	Am or,	aris,	mon eor,	eris,	leg or,	eris,	aud ior,	iris.
Imparfait.	Am abar,	aris,	mone bar,	aris,	leg ebar,	aris,	aud iebar,	aris.
Parfait.	Am atus sum *ou* fui,		mon itus	sum,	lec tus	sum,	aud itus	sum.
Plusque-parfait.	Amatus eram *ou* fueram,		mon itus	eram,	lec tus	eram,	aud itus	eram.
Futur.	Am abor,	eris,	mon ebor,	eris,	leg ar,	eris,	aud iar,	ieris.
Futur passé.	Ama tus ero *ou* fuero,		mon itus	ero,	lec tus	ero,	aud itus	ero.
IMPÉRATIF.	Am are,	ator,	mon ere,	etor,	leg ere,	itor,	aud ire,	itor.
SUBJONCTIF.								
Présent.	Am er,	eris,	mon ear,	aris,	leg ar,	aris,	aud iar,	aris.
Imparfait.	Am arer,	eris,	mon erer,	eris,	leg erer,	eris,	aud irer,	eris.
Parfait.	Am atus sim *ou* fuerim,		mon itus	sim,	lec tus	sim,	aud itus	sim.
Plusque-parfait.	Am atus essem *ou* fuis-(sem,		mon itus	essem,	lec tus	essem,	aud itus	essem.
INFINITIF.	Am ari,		mon eri,		leg i,		aud iri.	

VERBES DÉPONENS.

On appelle *déponens* certains verbes qui ont la signification active et la terminaison passive. Il y a des verbes déponens de chacune des quatre conjugaisons passives.

Verbe déponent de la première conjugaison.

SUR AMOR.

INDICATIF.

PRÉSENT.

Sing. Imit or,   j'imite.
Imit aris *ou* imit are,   tu imites.
Imit atur,   il imite.
Plur. Imit amur,   nous imitons.
Imit amini,   vous imitez.
Imit antur,   ils imitent.

IMPARFAIT.

Sing. Imit abar,   j'imitois.
Imit abaris *ou* imit abare, tu imitois.
Imit abatur,   il imitoit.
Plur. Imit abamur,   nous imitions.
Imit abamini,   vous imitiez.
Imit abantur,   ils imitoient.

PARFAIT.

Sing. Imit atus sum *ou* fui,   j'ai imité.
Imit atus es *ou* fuisti,   tu as imité.
Imit atus est *ou* fuit,   il a imité.
Plur. Imit ati sumus *ou* fuimus, nous avons imité.
Imit ati estis *ou* fuistis,   vous avez imité.
Imit ati sunt *ou* fuerunt,   ils ont imité.

Autrement pour le français: *J'imitai, tu imitas, il imita; nous imitâmes, vous imitâtes, ils imitèrent.*

Ou: *J'eus imité, tu eus imité, il eut imité; nous eûmes imité, vous eûtes imité, ils eurent imité.*

PLUSQUE-PARFAIT. (Il se décline.)

Sing. Imit atus eram *ou* fueram, j'avois imité.
Imit atus eras *ou* fueras,   tu avois imité.
Imit atus erat *ou* fuerat,   il avoit imité.
Plur. Imit ati eramus *ou* fueramus, nous avions imité.
Imit ati eratis *ou* fueratis,   vous aviez imité.
Imit ati erant *ou* fuerant,   ils avoient imité.

de Lhomond.

FUTUR.

Sing.	Imit abor,	j'imiterai.
	Imit aberis *ou* imit abere,	tu imiteras.
	Imit abitur,	il imitera.
Plur.	Imit abimur,	nous imiterons.
	Imit abimini,	vous imiterez.
	Imit abuntur,	ils imiteront.

FUTUR PASSÉ. (Il se décline.)

Sing.	Imit atus ero *ou* fuero,	j'aurai imité.
	Imit atus eris *ou* fueris,	tu auras imité.
	Imit atus erit *ou* fuerit,	il aura imité.
Plur.	Imit ati erimus *ou* fuerimus,	nous aurons imité.
	Imit ati eritis *ou* fueritis,	vous aurez imité.
	Imit ati erunt *ou* fuerint,	ils auront imité.

IMPÉRATIF.

Point de première personne au singulier.

Sing.	Imit are *ou* imit ator,	imite.
	Imit ator (ille),	qu'il imite.
Plur.	Imit emur,	imitons.
	Imit amini,	imitez.
	Imit antor,	qu'ils imitent.

SUBJONCTIF.

PRÉSENT.

Sing.	Imit er,	que j'imite.
	Imit eris *ou* imit ere,	que tu imites.
	Imit etur,	qu'il imite.
Plur.	Imit emur	que nous imitions.
	Imit emini,	que vous imitiez.
	Imit entur,	qu'ils imitent.

IMPARFAIT.

Sing.	Imit arer,	que j'imitasse.
	Imit areris *ou* imit arere,	que tu imitasses.
	Imit aretur,	qu'il imitât.
Plur.	Imit aremur,	que nous imitassions.
	Imit aremini,	que vous imitassiez.
	Imit arentur,	qu'ils imitassent.

Autrement pour le français: J'imiterois, tu imiterois, il imiteroit; nous imiterions, vous imiteriez, ils imiteroient.

PARFAIT. (Il se décline).

Sing.	Imit atus sim *ou* fuerim,	que j'ai imité.
	Imit atus sis *ou* fueris,	que tu aies imité.
	Imit atus sit *ou* fuerit,	qu'il ait imité.
Plur.	Imit ati simus *ou* fuerimus,	que nous ayons imité.
	Imit ati sitis *ou* fueritis,	que vous ayez imité.
	Imit ati sint *ou* fuerint,	qu'ils aient imité.

PLUSQUE-PARFAIT. (*Il se décline*).

Sing. Imit atus essem *ou* fuissem, *que j'eusse imité.*
Imit atus esses *ou* fuisses, *que tu eusses imité.*
Imit atus esset *ou* fuisset, *qu'il eût imité.*
Plur. Imit ati essemus *ou* fuissemus, *que nous eussions imité.*
Imit ati essetis *ou* fuissetis, *que vous eussiez imité.*
Imit ati essent *ou* fuissent, *qu'ils eussent imité.*

Autrement pour le français: *J'aurois imité, tu aurois imité, il auroit imité; nous aurions imité, vous auriez imité, ils auroient imité.*

INFINITIF.

Présent et Imparfait.

Imit ari, *imiter.*

Parfait et Plusque-Parfait. (*Il se décline*).

Imit atum, imit atam esse *ou* fuisse, *avoir imité.*

Futur. (*Il se décline*).

Imit aturum, imit aturam esse, *devoir imiter, qu'il imitera (ou qu'il imiteroit.*

Futur passé. (*Il se décline*).

Imit aturum, imit aturam fuisse, *avoir dû imiter, qu'il (auroit ou qu'il eût imité.*

Participe présent.

Imit ans, imit antis, *imitant, qui imite, qui imitoit.*

Participe passé actif.

Imit atus, imit ata, imit atum, *qui a ou qui avoit imité.*

Participe futur actif.

Imit aturus, imit atura, imit aturum, *devant imiter, qui (imitera ou qui imiteroit.*

Participe futur passif.

Imit andus, imit anda, imit andum, *qui doit être imité.*

Supins.

Imit atum,   *à imiter.*
Imit atu,   *à être imité.*

Gérondifs.

Imit andi,   *d'imiter.*
Imit ando,   *en imitant.*
Imit andum,   *à imiter.*

Ainsi se conjuguent *mirari, miror,* admirer; *hortari, hortor* exhorter; *precari, precor,* prier; *venerari, veneror,* respecter

Il suffira, pour les autres verbes déponens, d'indiquer la première personne dans chaque temps composé.

Verbe

Verbe déponent de la seconde Conjugaison.
Sur MONEOR.
INDICATIF.
Présent.

ng. **Pollic eor,**   je promets.
     Pollic eris *ou* pollic ere,   tu promets.
     Pollic etur,   il promet.
ur. Pollic emur,   nous promettons.
     Pollic emini,   vous promettez.
     Pollic entur,   ils promettent.

Imparfait.
ng. Pollic ebar,   je promettois.
     Pollic ebaris *ou* pollic ebare, tu promettois.
     Pollic ebatur,   il promettoit.
lur. Pollic ebamur,   nous promettions.
     Pollic ebamini,   vous promettiez.
     Pollic ebantur,   ils promettoient.

Parfait.
Pollic itus sum *ou* fui,   j'ai promis, etc.

Plusque-parfait.
Pollic itus eram *ou* fueram, j'avois promis, etc.

Futur.
ng. Pollic ebor,   je promettrai.
     Pollic eberis *ou* pollic ebere, tu promettras.
     Pollic ebitur,   il promettra.
lur. Pollic ebimur,   nous promettrons.
     Pollic ebimini,   vous promettrez.
     Pollic ebuntur,   ils promettront.

Futur passé.
Pollic itus ero *ou* fuero,   j'aurai promis, etc.

IMPÉRATIF.
Point de première personne au singulier.

ng. Pollic ere *ou* pollic etor,   promets.
     Pollic etor (ille),   qu'il promette.
lur. Pollic eamur,   promettons.
     Pollic emini,   promettez.
     Pollic entor,   qu'ils promettent.

SUBJONCTIF.
Présent.
Sing. Pollic ear,   que je promette.
     Pollic earis *ou* pollic eare, que tu promettes.
     Pollic eatur,   qu'il promette.
Plur. Pollic eamur,   que nous promettions.
     Pollic eamini,   que vous promettiez.
     Pollic eantur,   qu'ils promettent.

Grammaire latine

IMPARFAIT.

Sing. Pollic erer, *que je promisse ou je promettrois.*
Pollic ereris *ou* pollic erere, *que tu promisses.*
Pollic eretur, *qu'il promît.*
Plur. Pollic eremur, *que nous promissions.*
Pollic eremini, *que vous promissiez.*
Pollic erentur, *qu'ils promissent.*

PARFAIT.

Pollic itus sim *ou* fuerim, *que j'aie promis,* etc.

PLUSQUE-PARFAIT.

Pollic itus essem *ou* fuissem, *que j'eusse promis,* etc.
(*ou j'aurois promis.*

INFINITIF.

PRÉSENT et IMPARFAIT.

Pollic eri, *promettre.*
PARFAIT et PLUSQUE-PARFAIT. (*Il se décline*).
Pollic itum, pollic itam esse *ou* fuisse, *avoir promis.*

FUTUR. (*Il se décline*).

Pollic iturum, pollic ituram esse, *devoir promettre,*
(*qu'il promettra ou qu'il promettroit.*

FUTUR PASSÉ. (*Il se décline*).

Pollic iturum, pollic ituram fuisse, *avoir dû promettre,*
qu'il auroit ou qu'il eût promis.

PARTICIPE PRÉSENT.

Pollic ens, pollic entis, *promettant, qui promet ou qui*
(*promettoit.*

PARTICIPE PASSÉ ACTIF.

Pollic itus, pollic ita, pollic itum, *ayant promis, qui*
(*a promis, qui avoit promis.*

PARTICIPE FUTUR ACTIF.

Pollic iturus, pollic itura, pollic iturum, *devant pro-*
(*mettre, qui promettra,*

PARTICIPE FUTUR PASSIF.

Pollic endus, pollic enda, pollic endum, *qui doit être*
(*promis.*

SUPINS.

Pollic itum, *à promettre.*
Pollic itu, *à être promis.*

GÉRONDIFS.

Pollic endi, *de promettre.*
Pollic endo, *en promettant.*
Pollic endum *à promettre ou pour promettre.*

Ainsi se conjuguent, *misereri, misereor,* avoir pitié ; *vereri,*
vereor; **craindre** ; *fateri, fateor,* avouer, etc.

Verbe déponent de la troisième conjugaison.

SUR LEGOR.
INDICATIF.
Présent.

Sing.	Ut or,	je me sers.
	Ut eris *ou* ut ere,	tu te sers.
	Ut itur,	il se sert.
Plur.	Ut imur,	nous nous servons.
	Ut imini,	vous vous servez.
	Ut untur,	ils se servent.

Imparfait.

Sing.	Ut ebar,	je me servois, etc.
	Ut ebaris, *ou* ut ebare,	tu te servois.
	Ut ebatur,	il se servoit.
Plur.	Ut ebamur,	nous nous servions.
	Ut ebamini,	vous vous serviez.
	Ut ebantur,	ils se servoient.

Parfait.
Usus sum *ou* fui,   je me suis servi, etc.

Plusque-Parfait.
Usus eram *ou* fueram,   je m'étois servi, etc.

Futur.

Sing.	Ut ar,	je me servirai.
	Ut eris *ou* ut ere,	tu te serviras.
	Ut etur,	il se servira.
Plur.	Ut emur,	nous nous servirons.
	Ut emini,	vous vous servirez.
	Ut entur,	ils se serviront.

Futur passé.
Usus ero *ou* fuero,   je me serai servi, etc.

IMPÉRATIF.
Point de première personne au singulier.

Sing.	Ut ere *ou* ut itor,	sers-toi.
	Ut itor (ille),	qu'il se serve.
Plur.	Ut amur,	servons-nous.
	Ut imini,	servez-vous.
	Ut untor,	qu'ils se servent.

SUBJONCTIF.
Présent.

Sing.	Ut ar,	que je me serve.
	Ut aris *ou* ut are,	que tu te serves.
	Ut atur,	qu'il se serve.

Plur. Ut amur, que nous nous servions.
Ut amini, que vous vous serviez.
Ut antur, qu'ils se servent.

IMPARFAIT.

Sng. Ut erer, que je me servisse ou je me servirois.
Ut ereris ou ut erere, que tu te servisses.
Ut eretur, — qu'il se servît.
Plur. Ut eremur, que nous nous servissions.
Ut eremini, que vous vous servissiez.
Ut erentur, qu'ils se servissent.

PARFAIT.

Usus sim ou fuerim, que je me sois servi, etc.

PLUSQUE-PARFAIT.

Usus essem ou fuissem, que je me fusse servi ou je me
(me serois servi, etc.

INFINITIF.

PRÉSENT et IMPARFAIT.

Uti, se servir.

— PARFAIT et PLUSQUE-PARFAIT. (*Il se décline*).

Us um, Us am esse ou fuisse, s'être servi.

FUTUR. (*Il se décline*).

Us urum, us uram esse, devoir se servir, qu'il se servira ou
(qu'il se serviroit.

FUTUR PASSÉ. (*Il se décline*).

Us urum, us uram fuisse, avoir dû se servir, qu'il se fût
(servi, ou qu'il se seroit servi.

PARTICIPE PRÉSENT.

Ut ens, ut entis, se servant, qui se sert, qui se servoit.

PARTICIPE PASSÉ ACTIF.

Us us, us a, us um, s'étant servi, qui s'est servi ou qui s'étoit
(servi.

PARTICIPE FUTUR ACTIF.

Us urus, us ura, us urum, devant se servir, qui doit ou qui
(devoit se servir.

PARTICIPE FUTUR PASSIF.

Ut endus, ut enda, ut endum, dont on doit se servir.

SUPINS.

Us um, à se servir.
Us u, à être employé.

de Lhomond.

GÉRONDIFS.

Ut endi,   *de se servir.*
Ut endo,   *en se servant.*
Ut endum,   *à ou pour se servir.*

Ainsi se conjuguent : sequi, sequor, suivre; loqui, loquor, parler; ulcisci, ulciscor, venger; nasci, nascor, naître.

Verbe déponent de la quatrième conjugaison.

SUR *AUDIOR.*

INDICATIF.

PRÉSENT.

Sing. Bland ior,   *je flatte.*
Bland iris *ou* blandire,   *tu flattes.*
Bland itur,   *il flatte.*
Plur. Bland imur,   *nous flattons.*
Bland imini,   *vous flattez.*
Bland iuntur,   *ils flattent.*

IMPARFAIT.

Sing. Bland iebar,   *je flattois.*
Blandiebaris *ou* blandiebare, *tu flattois.*
Bland iebatur,   *il flattoit.*
Plur. Bland iebamur,   *nous flattions.*
Bland iebamini,   *vous flattiez.*
Bland iebantur,   *ils flattoient.*

PARFAIT.

Bland itus sum *ou* fui,   *j'ai flatté, etc.*

PLUSQUE-PARFAIT.

Bland itus eram *ou* fueram, *j'avois flatté, etc.*

FUTUR.

Sing. Bland iar,   *je flatterai.*
Bland ieris *ou* bland iere, *tu flatteras.*
Bland ietur,   *il flattera.*
Plur. Bland iemur,   *nous flatterons.*
Bland iemini,   *vous flatterez.*
Bland ientur,   *ils flatteront.*

FUTUR PASSÉ.

Bland itus ero *ou* fuero,   *j'aurai flatté, etc.*

IMPÉRATIF.

Point de première personne au singulier.

Sing. Bland ire *ou* blanditor,   *flatte.*
Bland itor (ille),   *qu'il flatte.*
Plur. Bland iamur,   *flattons.*
Bland imini,   *flattez.*
Bland iuntor,   *qu'ils flattent.*

Grammaire latine

SUBJONCTIF.

Présent.

Sing. Bland iar,   que je flatte.
      Bland iaris ou bland iare, que tu flattes.
      Bland iatur,   qu'il flatte.
Plur. Bland iamur,   que nous flattions.
      Bland iamini,   que vous flattiez.
      Bland iantur,   qu'ils flattent.

Imparfait.

Sing. Blandirer,   que je flattasse ou je flatterois.
      Bland ireris ou blandirere, que tu flattasses.
      Bland iretur,   qu'il flattât.
Plur. Bland iremur,   que nous flattassions.
      Bland iremini,   que vous flattassiez.
      Bland irentur,   qu'ils flattassent.

Parfait.

Bland itus sim ou fuerim, que j'aie flatté, etc.

Plusque-parfait.

Bland itus essem ou fuissem, que j'eusse flatté ou
(j'aurois flatté, etc.

INFINITIF.

Présent et Imparfait.

Bland iri,   flatter.

Parfait et Plusque-Parfait. (Il se décline.)

Bland itum, bland itum esse, avoir flatté.

Futur. (Il se décline).

Bland iturum, b'and ituram esse, devoir flatter, qu'il flattera
(ou flatteroit.

Futur passé. (Il se décline).

Bland iturum, blandituram fuisse, avoir dû flatter, qu'il eût
(ou qu'il auroit flatté.

Participe présent.

Bland iens, bland ientis. flattant, qui flatte ou qui flattoit.

Participe futur actif.

Bland iturus, bland itura, bland iturum, devant flatter, qui
(flattera ou qui flatteroit.

Supins.

Bland itum,   à flatter.
Bland itu,   à être flatté.

Gérondifs.

Bland iendi,   de flatter.
Bland iendo,   en flattant.
Bland iendum,   à flatter ou pour flatter.

Ainsi se conjuguent *largiri*, *largior*, donner ; *experiri*, *experior*, éprouver ; *metiri*, *metior*, mesurer ; *partiri*, *partior*, partager.

Remarque. Dans les verbes déponens, la seconde personne de l'impératif est toujours semblable à la seconde personne du présent de l'indicatif en *re*.

Ajoutez *r* à la seconde personne de l'impératif, vous aurez l'imparfait du subjonctif : *imitare*, *imitarer* ; *pollicere*, *pollicerer* ; *utere*, *uterer* ; *blandire*, *blandirer*.

VERBES NEUTRES.

Les verbes *neutres* se conjuguent comme les verbes actifs ; mais ils n'ont point de passifs : *Noceo*, je nuis à ; *studeo*, j'étudie ; *faveo*, je favorise, etc.

VERBES IRRÉGULIERS.

On appelle *irréguliers* les verbes qui, dans quelques-uns de leurs temps ou en quelques-unes de leurs personnes, se conjuguent autrement que les quatre dont nous avons donné les modèles.

VERBE NEUTRE PASSIF
De la seconde conjugaison.

On l'appelle *neutre passif*, parce qu'il a le parfait et les temps qui en sont formés, terminés en *us* comme le passif. Il se conjugue comme *mon eo*, excepté les parfaits qui se conjuguent comme *mon itus sum*, etc. C'est pourquoi on a indiqué seulement les premières personnes à chaque temps.

INDICATIF.

Présent.	GAUDEO, *je me réjouis*, etc.
Imparfait.	Gaudebam, *je me réjouissois*, etc.
Parfait.	Gavisus sum ou fui, *je me suis réjoui*, etc.
Plusque-p.	Gavisus eram ou fueram *je m'étois réjoui*, etc.
Futur.	Gaudebo, *je me réjouirai*, etc.
Futur passé.	Gavisus ero ou fuero, *je me serai réjoui*, etc.

IMPÉRATIF.

Gaude ou gaudeto, *réjouis-toi*, etc.

SUBJONCTIF.

Présent.	Gaudeam, *que je me réjouisse*, etc.
Imparfait.	Gauderem, *que je me réjouisse ou je me réjoui-(rois*, etc.
Parfait.	Gavisus sim ou fuerim, *que je me sois réjoui*, etc.
Plusque-p.	Gavisus essem ou fuissem, *que me fusse réjoui*, etc.

INFINITIF.

PRÉSENT et IMPARFAIT.
Gaudere, *se réjouir.*

PARFAIT et PLUSQUE-PARFAIT.
Gavisum esse ou fuisse, *s'être réjoui.*

FUTUR.
Gavisurum esse, *devoir se réjouir, qu'il se réjouira.*

FUTUR PASSÉ.
Gavisum fuisse, *avoir dû se réjouir.*

PARTICIPE PRÉSENT.
Gaudens, gaudentis, *se réjouissant.*

PARTICIPE PASSÉ.
Gavisus, gavisa, gavisum, *s'étant réjoui.*

PARTICIPE FUTUR.
Gavisurus, gavisura, gavisurum, *devant se réjouir.*

SUPINS.
Gavisum, *se réjouir.*
Gavisu, *à se réjouir.*

GÉRONDIFS.
Gaudendi, *de se réjouir.*
Gaudendo, *en se réjouissant.*
Gaudendum, *à se réjouir ou pour se réjouir.*

Ainsi se conjuguent : *audere, audeo, ausus sum, oser ; solere, soleo, solitus sum, avoir coutume.*

VERBE IRRÉGULIER
De la troisième conjugaison.

INDICATIF.
PRÉSENT.

Sing.	Fero,	je porte.
	Fers,	tu portes.
	Fert,	il porte.
Plur.	Ferimus,	nous portons.
	Fertis	vous portez.
	Ferunt,	ils portent.
Imparfait.	Ferebam,	je portois, etc.
Parfait.	Tuli	j'ai porté, etc.
Plusque-p.	Tuleram,	j'avois porté, etc.
Futur.	Feram,	je porterai, etc.
Futur pas.	Tulero,	j'aurai porté, etc.

IMPÉRATIF.

Sing.	Fer *ou* ferto,	porte.
	Ferto (ille),	qu'il porte.
Plur.	Feramus,	portons.
	Ferte *ou* fertote,	portez.
	Ferunto,	qu'ils portent.

SUBJONCTIF.

Présent.	Feram,	que je porte, etc.
Imparfait.	Ferrem,	que je portasse, *ou* je (porterois, etc.
Parfait.	Tulerim,	que j'aie porté, etc.
Plusque-p.	Tulissem',	que j'eusse porté *ou* (j'aurois porté, etc.

INFINITIF.
PRÉSENT et IMPARFAIT.

Ferre,   porter.

PARFAIT et PLUSQUE-PARFAIT.

Tulisse,   avoir porté.

FUTUR.

Laturum esse, *devoir porter, qu'il portera ou qu'il porteroit.*

FUTUR PASSÉ.

Laturum fuisse, *avoir dû porter, qu'il auroit porté.*

PARTICIPE PRÉSENT.

Ferens,   portant.

Participe Futur.

Laturus, latura, laturum, *devant porter.*

Supin.

Latum, *à porter.*

Gérondifs.

Ferendi, *de porter.*
Ferendo, *en portant.*
Ferendum, *à porter ou pour porter.*

Ainsi se conjuguent les composés de *fero* comme *offero, offers, obtuli, oblatum, offerre,* offrir; *differo, differs, distuli, dilatum, differre,* différer, etc.

PASSIF, FEROR.
INDICATIF. PRÉSENT.

Sing. Feror, *je suis porté.*
Ferris ou ferre, *tu es porté.*
Fertur, *il est porté.*
Plur. Ferimur, *nous sommes portés.*
Ferimini, *vous êtes portés.*
Feruntur, *ils sont portés.*
Imparfait. Ferebar, *j'étois porté,* etc.
Parfait. Latus sum ou fui, *j'ai été porté,* etc.
Plusque-p. Latus eram ou fueram, *j'avois été porté,* etc.
Futur. Ferar, *je serai porté,* etc.
Futur pas. Latus ero ou fuero, *j'aurai été porté.*

IMPÉRATIF.

Sing. Ferre ou fertor, *sois porté.*
Fertor (ille), *qu'il soit porté.*
Plur. Feramur, *soyons portés.*
Ferimini, *soyez portés.*
Feruntor, *qu'ils soient portés.*

SUBJONCTIF.

Présent. Ferar, *que je sois porté,* etc.
Imparfait. Ferer, *que je fusse porté ou je serois porté,* etc.
Parfait. Latus sim ou fuerim, *que j'aie été porté,* etc.
Plusque p. Latus essem ou fuissem, *que j'eusse été porté,* etc.

INFINITIF.

PRÉSENT et IMPARFAIT.

Ferri, *être porté.*

PARFAIT et PLUSQUE PARFAIT.

Latum esse ou fuisse, *avoir été porté.*

de Lhomond.

FUTUR.

Latum iri ou ferendum esse, *devoir être porté.*

FUTUR PASSÉ.

Ferendum fuisse, *qu'il eût ou auroit été porté.*

PARTICIPE PASSÉ.

Latus, lata, latum, *porté, ayant été porté.*

PARTICIPE FUTUR.

Ferendus, ferenda, ferendum, *devant être porté.*

SUPIN.

Latu,   *à être porté.*

VERBES IRRÉGULIERS

De la quatrième conjugaison.

INDICATIF.

PRÉSENT.

Sing.	Eo,	je vais.
	Is,	tu vas.
	It,	il va.
Plur.	Imus,	nous allons.
	Itis,	vous allez.
	Eunt,	ils vont.
Imparfait.	Ibam. *j'allois*, etc. Ibas.	
Parfait.	Ivi, *j'ai été* etc. Ivisti.	
Plusque parfait.	Iveram, *j'avois été*, etc. Iveras.	
Futur.	Ibo, *j'irai*, etc. Ibis.	
Futur pass.	Ivero, *je serai allé*, etc. Iveris.	

IMPÉRATIF.

Sing.	I ou ito,	va.
	Ito (ille),	qu'il aille.
Plur.	Eamus,	allons.
	Ite ou itote,	allez.
	Eunto,	qu'ils aillent.

SUBJONCTIF.

Présent.	Eam,	que j'aille, etc. Eas.
Imparfait.	Irem,	que j'allasse, etc. Ires.
Parfait.	Iverim,	que je sois allé.
Plusque parfait.	Ivissem,	que je fusse allé.

INFINITIF.

PRÉSENT et IMPARFAIT.

Ire, *aller.*

PARFAIT et PLUSQUE-PARFAIT.

Ivisse, *être allé.*

FUTUR.

Iturum esse, *devoir aller, qu'il ira ou iroit.*

FUTUR PASSÉ.

Iturum fuisse, *avoir dû aller, qu'il seroit allé.*

PARTICIPE PRÉSENT.

Iens, euntis, *allant, qui va.*

PARTICIPE FUTUR.

Iturus, itura, iturum, *devant aller, qui ira.*

SUPINS.

Itum, *aller.* Itu, *à aller.*

GÉRONDIFS.

Eundi,   *d'aller.*
Eundo,   *en allant.*
Eundum,   *à aller, ou pour aller.*

Ainsi se conjuguent: *exire*, exeo, is, *sortir*; *perire*, pereo, is, *périr*; *redire*, redeo, is, *revenir*; *adire*, adeo, is, *aller trouver*, *transire*, transeo, is, *passer par*; *præterire*, prætereo, .r, *passer outre ou auprès.*

VERBE FIO.

Quand le verbe *fio* signifie *je deviens*, il est verbe substantif : et quand il signifie *être fait*, c'est le passif du *verbe facere.*

INDICATIF.

PRÉSENT.

Sng.	Fio,	*je deviens ou je suis fait.*
	Fis,	*tu deviens.*
	Fit,	*il devient.*
Plur.	Fimus,	*nous devenons.*
	Fitis,	*vous devenez.*
	Fiunt,	*ils deviennent.*
Imparfait.	Fiebam,	*je devenois.* Fiebas, etc.
Parfait.	Factus sum ou fui,	*je suis devenu.*
Plusque-parfait.	Factus eram ou fueram,	*j'étois devenu.*
Futur.	Fiam,	*je deviendrai.* Fies, etc.
Futur passé.	Factus ero ou fuero,	*je serai devenu.*

IMPÉRATIF.

Sng.	Fi,	*deviens.*
Plur.	Fite ou Fitote,	*devenez.*

SUBJONCTIF.

Présent.   Fiam ; *que je devienne.* Fias , etc.
Imparfait.   Fierem, *que je devinsse ou je deviendrois.*
Parfait.   Factus sim *ou* fuerim, *que je sois devenu.*
Plusque-parf. Factus essem *ou* fuissem , *que je fusse devenu.*

INFINITIF.

PRÉSENT et IMPARFAIT.

Fieri, *devenir.*

PARFAIT et PLUSQUE-PARFAIT.

Factum esse *ou* fuisse, *être devenu.*

FUTUR.

Factum iri *ou* faciendum esse, *qu'il deviendra ou deviendroit.*

FUTUR PASSÉ.

Faciendum fuisse, *qu'il seroit ou qu'il fût devenu.*

PARTICIPE PASSÉ.

Factus, a, um, *étant devenu ou ayant été fait.*

PARTICIPE FUTUR.

Faciendus, a, um, *devant être fait.*

SUPIN.

Factu, *à faire, ou à être fait.*

VERBES *VOLO, NOLO, MALO.*

INDICATIF. PRÉSENT.

Sing.   Volo,   *je veux.*
       Vis,   *tu veux.*
       Vult,   *il veut.*
Plur.   Volumus,   *nous voulons.*
       Vultis,   *vous voulez.*
       Volunt,   *ils veulent.*
Imparfait.   Volebam,   *je voulois,* Volebas, etc.
Parfait.   Volui,   *j'ai voulu,* etc.
Plusque-parf. Volueram,   *j'avois voulu,* etc.
Futur.   Volam,   *je voudrai.* Voles, etc.
Futur passé. Voluero,   *j'aurai voulu.*

SUBJONCTIF. PRÉSENT.

Sing.   Velim,   *que je veuille.*
       Velis,   *que tu veuilles.*
       Velit,   *qu'il veuille.*
Plur.   Velimus,   *que nous voulions.*
       Velitis,   *que vous vouliez.*
       Velint,   *qu'ils veuillent.*

Imparfait.	Vellem,	que je voulusse ou je vou- (drois.
Parfait.	Voluerim,	que j'aie voulu.
Plusque-parf.	Voluissem,	que j'eusse voulu ou j'au- (rois voulu.

INFINITIF.

Présent et Imparfait.

Velle, *vouloir.*

Parfait et Plusque-Parfait.

Voluisse, *avoir voulu.*

Participe Présent.

Volens, *voulant, qui veut.*

Ainsi se conjuguent *nolo,* je ne veux pas, et *malo,* j'aime mieux.

INDICATIF.

Présent.

Sing.	Nolo,	je ne veux pas.
	Non vis,	tu ne veux pas.
	Non vult,	il ne veut pas.
Plur.	Nolumus,	nous ne voulons pas.
	Non vultis,	vous ne voulez pas.
	Nolunt,	ils ne veulent pas.

IMPÉRATIF.

Sing.	Noli ou nolito,	ne veuille pas.
	Nolito (ille),	qu'il ne veuille pas.
Plur.	Nolimus,	ne veuillons pas.
	Nolite ou nolitote,	ne veuillez pas.
	Nolunto,	qu'ils ne veuillent pas.

SUBJONCTIF.

Présent.	Nolim,	que je ne veuille pas.

INFINITIF. PRÉSENT.

Nolle, *ne vouloir pas.*

INDICATIF.

Présent.

Sing.	Malo,	j'aime mieux.
	Mavis,	tu aimes mieux.
	Mavult,	il aime mieux.
Plur.	Malumus,	nous aimons mieux.
	Mavultis,	vous aimez mieux.
	Malunt,	ils aiment mieux.

SUBJONCTIF.

Présent.   Malim,   *que j'aime mieux.*

INFINITIF.

PRÉSENT et IMPARFAIT.

Malle,   *aimer mieux.*

VERBES IRRÉGULIERS.

(Composés de Sum).

Sing.	POSSUM,	*je puis.*
	Potes,	*tu peux.*
	Potest,	*il peut.*
Plur.	Possumus;	*nous pouvons.*
	Potestis,	*vous pouvez.*
	Possunt,	*ils peuvent.*
Imparfait.	Poteram,	*je pouvois.* Poteras, etc.
Parfait.	Potui,	*j'ai pu*, Potuisti, etc.
Plusque-parf.	Potueram,	*j'avois pu*, etc.
Futur.	Potero,	*je pourrai*, Poteris, etc.
Futur passé.	Potuero,	*j'aurai pu*, etc.

SUBJONCTIF.

Présent.	Possim,	*que je puisse.* Possis, etc.
Imparfait.	Possem,	*que je puisse* ou *je pourrois.*
Parfait.	Potuerim,	*que j'aie pu.*
Plusque parf.	Potuissem,	*que j'eusse pu* ou *j'aurois (pu,* etc.

INFINITIF.

PRÉSENT et IMPARFAIT.

Posse, *pouvoir.*

PARFAIT et PLUSQUE-PARFAIT.

Potuisse, *avoir pu.*

PROSUM, JE SERS.

INDICATIF.

Sing.	PROSUM,	*je sers.*
	Prodes,	*tu sers.*
	Prodest,	*il sert.*
Plur.	Prosumus,	*nous servons.*
	Prodestis,	*vous servez.*
	Prosunt,	*ils servent.*
Imparfait.	Proderam,	*je servois*, etc.
Parfait.	Profui,	*j'ai servi*, etc.

Plusque-parf.	Profueram,	*j'avois servi*, etc.
Futur.	Prodero,	*je servirai*, etc.
Futur pas.	Profuero,	*j'aurai servi*, etc.

IMPÉRATIF.

Sing.	Prodes *ou* prodesto,	*sers.*
	Prodesto (ille),	*qu'il serve.*
Plur.	Prosimus,	*servons.*
	Prodeste *ou* prodestote,	*servez.*
	Prosunto,	*qu'ils servent.*

SUBJONCTIF.

Présent.	Prosim,	*que je serve*, etc.
Imparfait.	Prodessem,	*que je servisse* ou *je servirois*, etc.
Parfait.	Profuerim,	*que j'aie servi*, etc.
Plusque-parf.	Profuissem,	*que j'eusse* ou *j'aurois servi*, etc.

INFINITIF.

PRÉSENT et IMPARFAIT.

Prodesse, *servir.*

PARFAIT et PLUSQUE-PARFAIT.

Profuisse, *avoir servi.*

FUTUR.

Profuturum esse, *devoir servir qu'il servira.*

FUTUR PASSÉ.

Profuturum fuisse *qu'il eût ou auroit servi.*

PARTICIPE FUTUR.

Profuturus, a, um *devant servir.*

AUTRE VERBE IRRÉGULIER.

QUEO, *n'a guère que les temps et les personnes qui suivent.*

INDICATIF.

Présent. Sing.	QUEO,	*je puis.*
	Quis,	*tu peux.*
	Quit,	*il peut.*
Plur.	Quimus,	*nous pouvons.*
	Quitis,	*vous pouvez.*
	Queunt,	*ils peuvent.*
Imparfait.	Quibam,	*je pouvois.* Quibamus.

Parfait.	Quivi,	j'ai pu.
	Quivimus,	nous avons pu.
Plusque-parf.	Quiveram,	j'avois pu.
Futur.	Quibo,	je pourrai.
Futur passé.	Quivero,	j'aurai pu.

SUBJONCTIF.

Présent. Sing.	Queam,	que je puisse.
	Queas,	que tu puisses.
	Queat,	qu'il puisse.
Plur.	Queamus,	que nous puissions.
	Queatis,	que vous puissiez.
	Queant,	qu'ils puissent.
Imparfait.	Quirem,	que je puisse ou je pourrois.
	Quiremus,	que nous puissions.
Parfait.	Quiverim,	que j'ai pu.
	Quiverimus,	que nous ayons pu.
Plusque parf.	Quivissem,	que j'eusse pu.
	Quivissemus,	que nous eussions pu.

INFINITIF.

Présent et Imparfait.

Quire, *pouvoir.*

Parfait et Plusque-parfait.

Quivisse, *avoir pu.*

Ainsi se conjuguent : *nequire, nequeo,* ne pouvoir pas.

VERBES DÉFECTIFS.

On appelle *défectifs*, les verbes auxquels il manque plusieurs personnes ou plusieurs temps.

INDICATIF.

Présent. Sing.	Memini,	je me souviens.
	Meministi,	tu te souviens.
	Meminit,	il se souvient.
Plur.	Meminimus,	nous nous souvenons.
	Meministis,	vous vous souvenez.
	Meminerunt ou Meminére,	ils se souviennent.
Imparfait.	Meminerim,	je me souvenois.
	Memineras,	tu te souvenois.

Point de parfait ni de plusque-parfait.

Futur.

Sing.	Meminero,	je me souviendrai.
	Memineris,	tu te souviendras.
	Meminerit,	il se souviendra.

Plur. Meminerimus, *nous nous souviendrons.*
Memineritis, *vous vous souviendrez.*
Meminerint, *ils se souviendront.*

IMPÉRATIF.

Sing. Memento, — *souviens-toi.*
Memento (ille), *qu'il se souvienne.*
Plur. Mementote, *souvenez-vous.*

SUBJONCTIF.

Présent. Meminerim, *que je me souvienne.*
Memineris, *que tu te souviennes,* etc.
Imparfait. Meminissem, *que je me souvinsse, ou je (je me souviendrois.*
Meminisses, *que tu te souvinsses ou tu (te souviendrois.*

INFINITIF.

PRÉSENT et IMPARFAIT.

Meminisse, *se souvenir.*

Ainsi se conjuguent *novi,* je connois; *cœpi,* je commence; *odi,* je hais; ce dernier fait au prétérit *osus sum* ou *fui,* j'ai haï, etc., et au plusque-parfait *osus eram* ou *fueram,* j'avois haï, etc. Ces verbes n'ont point d'impératif.

AIO, JE DIS.

INDICATIF.
PRÉSENT.

S. Aio, *je dis.*
Ais, *tu dis.*
Ait, *il dit.*
P. Aiunt, *ils disent.*

IMPARFAIT.

S. Aiebam, *je disois.*
Aiebas, *tu disois,* etc.

PARFAIT.

S. Aisti, *tu as dit.*
Aistis, *vous avez dit.*

SUBJONCTIF.
PRÉSENT.

S. Aias, *que tu dises.*
Aiat, *qu'il dise.*

PARTICIPE PRÉSENT.

Aiens, aientis, *disant.*

INQUAM, DIS JE.

INDICATIF.
PRÉSENT.

S. Inquam, *dis-je.*
Inquis, *dis tu.*
Inquit, *dit-il.*
P. Inquimus, *disons-nous.*
Inquitis, *dites-vous.*
Inquiunt, *disent-ils.*

IMPARFAIT.

Inquiebat, *disoit-il.*
Inquiebant, *disoient ils.*

PARFAIT.

Inquisti, *as-tu dit.*
Inquit, *a-t-il dit.*
Inquistis, *avez-vous dit.*

FUTUR.

Inquies, *diras-tu.*
Inquiet, *dira-t-il.*

IMPÉRATIF.

Inque, inquito, *dis.*

SUBJONCTIF.

Inquiat, *qu'il dise.*

VERBES UNIPERSONNELS.

On appelle *unipersonnels* les verbes qui n'ont que la troisième personne du singulier.

OPORTET, IL FAUT.

INDICATIF.	SUBJONCTIF.
PRESENT.	PRESENT.
Oportet, *il faut.*	Oporteat, *qu'il faille.*
IMPARFAIT.	IMPARFAIT.
Oportebat, *il falloit.*	Oporteret, *qu'il fallût ou il (faudroit.*
PARFAIT.	PARFAIT.
Oportuit, *il a fallu.*	Oportuerit, *qu'il ait fallu.*
PLUSQUE-PARFAIT.	PLUSQUE-PARFAIT.
Oportuerat, *il avoit fallu.*	Oportuisset, *qu'il eût fallu.*
FUTUR.	INFINITIF.
Oportebit, *il faudra.*	PRESENT.
	Oportere, *falloir.*
FUTUR PASSÉ.	PARFAIT.
Oportuerit, *il aura fallu.*	Oportuisse, *avoir fallu.*

Ainsi se conjuguent *decet*, il convient; *licet*, il est permis; *libet*, il plaît, *liquet*, il est clair.

VERBE PŒNITET.

Ce verbe se conjugue dans tous ses temps avec les pronoms accusatifs *me*, *te*, *illum*, *illam* (ou un nom), au singulier, et *nos*, *vos*, *illos*, *illas* (ou un nom), au pluriel.

INDICATIF. PRESENT.

Sing.	Me pœnitet,	*je me repens.*
	Te pœnitet,	*tu te repens.*
	Illum, illam pœnitet,	*il, elle se repent.*
Plur.	Nos pœnitet,	*nous nous repentons.*
	Vos pœnitet,	*vous vous repentez.*
	Illos, illas pœnitet,	*ils, elles se repentent.*
Imparfait.	Me pœnitebat,	*je me repentois,* etc.
Parfait.	Me pœnituit,	*je me suis repenti,* etc.
Plusque-parf.	Me pœnituerat,	*je m'étois repenti,* etc.
Futur.	Me pœnitebit,	*je me repentirai,* etc.
Futur-pass.	Me pœnituerit,	*je me serai repenti,* etc.

SUBJONCTIF.

Présent.	Me pœniteat,	*que je me repente,* etc.
Imparfait.	Me pœniteret,	*que je me repentisse ou je me (repentirois,* etc.

Parfait. Me pœnituërit, *que je me sois repenti.*
Plusque-parf. Me pœnituisset, *que je me fusse repenti* ou
(je me serois repenti.

INFINITIF.
PRÉSENT et IMPARFAIT.
Pœnitere, *se repentir.*
PARFAIT et PLUSQUE-PARFAIT.
Pœnituisse, *s'être repenti.*
PARTICIPE PRÉSENT.
Pœnitens, pœnitentis, *se repentant.*
PARTICIPE FUTUR PASSIF.
Pœnitendus, pœnitenda, pœnitendum, *dont on doit se repentir.*
GÉRONDIFS.

Pœnitendi,	*de se repentir.*
Pœnitendo,	*en se repentant.*
Pœnitendum,	*à* ou *pour se repentir.*

Ainsi se conjuguent *me pudet,* j'ai honte; *me piget,* je suis fâché; *me tædet,* je m'ennuie; *me miseret,* j'ai compassion.

UNIPERSONNEL PASSIF.

L'unipersonnel passif est la troisième personne du singulier passif dans tous les temps.

INDICATIF. PRÉSENT.	FUTUR PASSÉ.
Dicitur, *on dit.*	Dictum erit *ou* fuerit.
IMPARFAIT.	SUBJONCTIF. PRÉSENT
Dicebatur, *on disoit.*	Dicatur, *qu'on dise.*
PARFAIT.	IMPARFAIT.
Dictum est *ou* fuit.	Diceretur, *qu'on dît.*
PLUSQUE-PARFAIT.	PARFAIT.
Dictum erat *ou* fuerat.	Dictum sit *ou* fuerit.
FUTUR.	PLUSQUE-PARFAIT.
Dicetur, *on dira.*	Dictum esset *ou* fuisset.

On peut faire unipersonnels tous les verbes actifs et neutres.

CINQUIÈME ESPÈCE DE MOTS.
PARTICIPES.

Les *participes* sont des adjectifs qui viennent des verbes. Ils s'accordent en genre, en nombre et en cas avec les noms auxquels ils sont joints.

Il y a des participes du présent, du passé et du futur.

Les verbes actifs ont deux participes, celui du présent terminé en *ans*, pour la première conjugaison, et en *ens*, pour les trois autres: amo, *amans;* moneo, *monens;* lego, *legens;* audio, *audiens:* et celui du futur en *rus: amaturus, moniturus, lecturus, auditurus.*

Les verbes passifs ont aussi deux participes; celui du passé en *tus, amatus, monitus, lectus, auditus;* et celui du futur en *andus* pour la première conjugaison, et en *endus* pour les trois autres : *amandus, monendus, legendus audiendus.*

Les verbes neutres ont deux participes, comme les verbes actifs: *placeo, placens, placiturus;* quelques-uns même ont des participes passifs, *placitus, placendus.*

Les verbes déponens ont trois participes ; savoir: deux participes actifs; *imitor, imitans, imitaturus;* et le participe passé actif, *imitatus;* et quelques-uns même ont un participe futur passif, *imitandus.*

Le gérondif est un substantif qui vient du verbe: il ajoute à la signification du verbe l'idée accessoire de nécessité, de devoir, l'idée d'une action qui doit être faite; c'est ce qu'on a voulu marquer par cette dénomination de *gérondif*, qui est prise de *gerere*, faire.

Le gérondif a divers cas; mais il n'a qu'un

nombre et qu'un genre, en quoi il diffère du participe futur en *dus*. Il est toujours neutre et au singulier: *amandum, amandi, amando*.

Les *supins* sont, ainsi que les gérondifs, des substantifs formés du verbe. Il y a deux supins, l'un en *um*, l'autre en *u*. Le premier a la signification active, l'autre a la signification passive: *amatum, amatu; monitum, monitu; lectum, lectu; auditum, auditu*.

SIXIÈME ESPÈCE DE MOTS.

ADVERBES.

L'adverbe est un mot indéclinable qui se joint le plus souvent à un verbe, et en détermine la signification: il se joint aussi aux adjectifs et aux noms qualificatifs: *verè probus, verè civis*.

On peut réduire les adverbes à certaines classes.

ADVERBES DE TEMPS.

Hodie,	aujourd'hui.
Cras,	demain.
Heri,	hier.
Pridiè,	la veille.
Postridiè,	le lendemain.
Quandò,	quand.
Quondam,	autrefois.
Nunc,	maintenant.
Diu,	long-temps.
Donec, etc.	jusqu'à ce que, etc.

ADVERBES DE LIEU.

Ubi,	où.
Undè,	d'où.
Ibi,	là.
Nusquàm,	nulle part.
Ubiquè,	par-tout.
Hic, etc.	ici, etc.

ADVERBES DE NOMBRE.

Semel,	une fois.
Bis,	deux fois.
Ter,	trois fois.
Quoties,	combien de fois.
Centies, etc.	cent fois, etc.

ADVERBES DE QUALITÉ, DE MANIÈRE.

Doctè,	savamment,
Benè,	bien.
Malè,	mal,
Fortiter,	courageusement.
Feliciter, etc.	heureusement, etc.

Et beaucoup d'autres formés des adjectifs qui qualifient leurs substantifs.

ADVERBES DE RESSEMBLANCE.

Quasi, Sicut, Sicuti,	} comme si.
Velut, Veluti,	} comme.
Ità,	ainsi.
Quemadmodùm, etc.	de même que, etc.

ADVERBES D'UNION.

Simul, unà,	ensemble.
Conjunctim,	conjointement.
Pariter, etc.	pareillement, etc.

ADVERBES DE DIVISION.

Aliter,	autrement.
Aliundè,	d'ailleurs.
Privatim,	séparement.
Seorsim, etc.	à part, etc.

ADVERBES D'INTERROGATION.

Cur, Quarè, Quamobrem,	} pourquoi.
Quorsùs,	à quoi bon.
An, nùm, etc.	est-ce que, etc.

ADVERBES D'AFFIRMATION.

Ità,	oui.
Certè, Sanè, Profectò, Quidem.	} certainement, certe.

ADVERBES DE NÉGATION.

Non, haud,	non, ne pas.
Nequaquam,	nullement,
Neutiquàm,	point du tout.
Minimè, etc.	

ADVERBES DE DOUTE.

Forsan,	peut-être,
Forsitan,	
Fortassè,	par hasard.
Fortè, etc.	

Plusieurs adverbes ont un comparatif et un superlatif, comme :

Doctè,	Doctiùs,	Doctissimè.
Doctement,	plus doctement,	très-doctement.
Citò,	Citiùs,	Citissimè.
Vite,	plus vite,	très vite.
Benè,	Meliùs,	Optimè.
Bien,	mieux,	très-bien.
Malè,	Pejùs,	Pessimè.
Mal,	plus mal,	très-mal.
Sæpè,	Sæpiùs,	Sæpissimè.
Souvent,	plus souvent;	très-souvent.
Propè,	Propriùs,	Proximè.
Proche,	plus proche,	très-proche.
Nuper,	sans comp.	Nuperrimè.
Récemment,		tout récemment.
Sans positif.	Potiùs,	Potissimè.
	plutôt,	principalement.

Les adverbes formés d'un adjectif ont leur comparatif semblable au comparatif neutre de l'adjectif. On distingue l'adverbe du comparatif neutre, en mettant un accent grave sur l'u de l'adverbe. Ces adverbes ont leur superlatif semblable au superlatif de l'adjectif; seulement la finale est changée en mè pessimus, pessimè; doctissimus, doctissimè.

SEPTIÈME ESPÈCE DE MOTS.

PRÉPOSITIONS.

La *préposition* est un mot indéclinable qui, dans la phrase, lie deux termes, et les met en rapport, par exemple : *pro*, pour : *mori*,

mori pro patriâ, mourir pour la patrie; *pro* indique un rapport entre *mori*, mourir, et *patriâ*, la patrie. Le genre du rapport est marqué et déterminé par la signification même de la préposition.

La préposition est ainsi nommée, parce qu'elle se place (elle se pose) avant le mot qu'elle met en rapport avec un autre qui le précède. Le mot qui la suit est appelé le *régime* ou *complément* de la préposition.

On peut réduire les principaux rapports marqués par les prépositions à ceux-ci :

DE LIEU et DE TEMPS.

Ad,	auprès de, à, vers.
Adversùm, *Adversùs*,	} contre, devant.
Antè,	avant, devant.
Apud,	chez.
Circà,	aux environs de.
Circùm,	autour de, auprès de.
Cis, *Citrà*,	} deçà.
Contrà,	contre, vis-à-vis de.
Coràm,	devant, en présence de.
De,	de.
E, *Ex*,	} de.
Ergà,	envers.
Extrà,	hors.
In,	en, dans, sur.
Infrà,	au-dessous de.
Inter,	entre.
Intrà,	au-dedans.
Juxtà,	auprès de.
Per,	par, pendant.
Ponè,	après, derrière.
Post,	après, depuis.
Præ,	devant, au-dessus de.
Secùs,	auprès de, le long de.
Sub,	sous.
Subter,	au-dessous de.

E

Suprà,	au-dessus de.
Super,	sur.
Tenus,	jusqu'à.
Trans,	au-delà de.
Versùs,	vers.
Ultrà,	hors, au-delà de.

DE CAUSE EFFICIENTE.

A,	par, de.

DE CAUSE FINALE.

Pro,	pour.
Ob,	pour, devant.
Propter,	à cause de, près de.

D'UNION.

Cum,	avec.

D'EXCEPTION.

Sinè, Absque,	} sans.

DE SÉPARATION.

Præter,	hors, outre.

DE CONFORMITÉ.

Secundùm,	selon, auprès de.

HUITIÈME ESPÈCE DE MOTS.

CONJONCTIONS.

La *conjonction* est un mot indéclinable, qui sert à lier les parties du discours.
Les conjonctions sont:

COPULATIVES.

Et, Ac, Atque, Que,	} et.
Quoque, Etiam, Cùm, Tum, etc.	} aussi.

La conjonction latine *que*, ne se met qu'après un mot.

DISJONCTIVES.

Aut, vel, ve,	ou, *ve* ne se met qu'après un mot.
Sive,	soit que.
Nec,	} ne, ni, non plus.
Neque,	

ADVERSATIVES.

Sed,	mais.
Tamen,	cependant.
At,	
Autem,	} mais.
Verùm,	
Etiamsi,	
Quamvis,	} quoique.
Quamquàm,	

CONDITIONNELLES.

Si,	si.
Nisi, etc.	sinon, si ce n'est que.

CAUSATIVES.

Nam,	
Namque,	
Enim,	} car, en effet.
Etenim,	
Quia,	
Quoniam,	} parce que.
Ut, etc.	

TRANSITIVES

Ergò,	} donc.
Igitur,	
Quocircà,	
Quapropter,	} c'est pourquoi.
Itaque, etc.	

NEUVIÈME ESPÈCE DE MOTS.
INTERJECTIONS.

L'interjection est un mot indéclinable qui sert à marquer les différens mouvemens de l'âme.

Pour marquer la joie : *O ! Evax !* ho ! ha !

Pour la douleur : *Hei ! heu !* ha ! hélas ! ah, ah !

Pour l'indignation : *Pro ! heuh !* ô ! oh ! ah !

Pour l'admiration : *Papœ ! hui !* ô ! ah ! oh, ho !

Pour menacer : *Hei ! væ !* malheur à

L'usage apprendra les autres.

SECONDE PARTIE.

SYNTAXE LATINE.

La Syntaxe est la manière de joindre ensemble les mots d'une phrase, et les phrases entr'elles.

Il y a deux sortes de Syntaxes : la Syntaxe d'*accord*, par laquelle on fait accorder deux mots en genre, en nombre, etc.; et la Syntaxe de *régime*, par laquelle un mot régit un autre mot à tel cas, à tel mode, etc.

SYNTAXE DES NOMS.

Accord de deux noms.

Augustus *imperator.*

Règle. Quand deux ou plusieurs noms désignent une seule et même personne, une seule et même chose, ces noms se mettent au même cas.

Exemples.

Auguste empereur, *Augustus imperator;* Esope auteur, *Æsopus auctor;* d'Esope auteur, *Æsopi auctoris;* le laurier arbre, *laurus arbor.*

Urbs *Roma.*

Règle. Quand *de*, *du*, *des* sont entre deux noms, et peuvent se tourner par *qui s'appelle*, ces deux noms se mettent encore au même cas.

Exemples.

La ville de Rome, c'est-à-dire, la ville qui s'appelle Rome, *urbs Roma;* le fleuve du Rhin, *flumen Rhenum;* la forêt des Ardennes, *sylva Arduenna.*

REMARQUE. Cependant on trouve souvent dans les bons auteurs, les noms de villes, de royaumes, d'îles ou de provinces au génitif; exemple: *oppidum Antiochiæ,* Cic. la ville d'Antioche.

Régime des noms.
Liber *Petri.*

I. RÈGLE. Lorsque *de, du, des,* entre deux noms, ne peuvent pas se tourner par *qui s'appelle,* on met le second au génitif.

Exemples.

Le livre de Pierre, *liber Petri;* la bonté de Dieu, *bonitas Dei.*

Souvent, au lieu du génitif latin, on se sert plus élégamment d'un adjectif qui a la même valeur. *Ex.* La bonté de Dieu, *tournez,* la bonté divine, *bonitas divina;* le sénat de Rome, *tournez,* le sénat romain, *senatus romanus.*

REMARQUE. Quand le nom qui suit *de,* exprime une qualité bonne ou mauvaise, on peut mettre ce nom ou à l'ablatif ou au génitif: un enfant d'un bon naturel, *puer egregiâ indole;* ou *egregiæ indolis;* d'un mauvais naturel, *pravâ indole,* ou *pravæ indolis.*

Tempus *legendi*.

II. *De*, entré un nom de chose inanimée et un infinitif français, se rend en latin par le gérondif en *di* qui est un véritable génitif.

Exemples.

Le temps de lire, *tempus legendi;* de lire l'histoire, *tempus legendi historiam.* (Les gérondifs gouvernent le même cas que les verbes d'où ils viennent.)

REMARQUE. Si le verbe latin gouverne l'accusatif, au lieu du gérondif en *di*, il est mieux d'employer le participe en *dus, da, dum*, que l'on met au génitif, en le faisant accorder avec le nom, en genre, en nombre et en cas : ainsi, au lieu de dire, *tempus legendi historiam*, on dit mieux, *tempus legendæ historiæ.*

De, entre un nom et un infinitif, se rend quelquefois par l'infinitif latin; c'est lorsque cet infinitif peut servir de nominatif à la phrase. *Ex.* C'est un péché que de mentir; *tournez*, mentir est un péché, *culpa est mentiri*. (Lorsque l'infinitif ne peut pas servir de nominatif, on le met au gérondif en *di*).

SYNTAXE DES ADJECTIFS.

Accord de l'adjectif avec le nom.

Deus *sanctus*.

I. RÈGLE. L'adjectif s'accorde en genre, en nombre et en cas avec le nom auquel il se rapporte.

Exemples.

Dieu saint, *Deus sanctus*; du Dieu saint, *Dei sancti*; Vierge sainte, *Virgo sancta*; de la Vierge sainte, *Virginis sanctæ*; temple saint, *templum sanctum*; du temple saint, *templi sancti.*

II. Pater et filius *boni*, mater et filia *bonæ.*

Quand un adjectif se rapporte à deux noms, on met cet adjectif au pluriel, parce que deux singuliers valent un pluriel.

Exemples.

Le père et le fils bons, *Pater et filius boni.* La mère et la fille bonnes, *mater et filia bonæ.*

Pater et mater *boni.*

III. Quand un adjectif se rapporte à deux noms de différens genres, et de choses animées, l'adjectif prend le plus noble des deux genres. (Le masculin est plus noble que les deux autres ; le féminin est plus noble que le neutre).

Exemple.

Le père et la mère bons, *pater et mater boni.*

Virtus et vitium *contraria.*

IV. Quand les deux noms sont de choses inanimées, c'est-à-dire sans vie, l'adjectif qui s'y rapporte, se met au pluriel neutre. (*Il n'y a d'animé que les hommes et les bêtes*).

Exemple.

La vertu et le vice contraires, c'est comme

s'il y avoit : la vertu et le vice, choses contraires, *virtus et vitium contraria* (sous-entendu *negotia*).

Turpe est *mentiri*.

V. L'adjectif qui ne se rapporte à aucun nom précédent, se met au neutre.

Ex. Il est honteux de mentir, *turpe est mentiri*, c'est comme s'il y avoit en français : *c'est une chose honteuse de mentir.* (Le mot *negotium* est sous-entendu en latin). Il est honteux d'être paresseux, *turpe est esse pigrum.*

Tout, toutes choses s'exprime par *omnia.* On sous-entend *negotia. Tout le monde* s'exprime par *omnes* (sous-entendu *homines.*)

Ex. Nous devons tout à la patrie, *omnia debemus patriæ.* Tout le monde cherche le bonheur, *omnes felicitatem quærunt.*

Verè *sapientes.*

VI. Lorsque deux adjectifs sont joints ensemble, soit dans le français, soit dans le latin, le premier se change en adverbe.

Ex. Les vrais sages, *verè sapientes,* c'est-à-dire, *les hommes vraiment sages.*

RÉGIME DES ADJECTIFS.

Adjectifs qui gouvernent le génitif.

Avidus *laudum.*

I. Règle. Les adjectifs *avidus,* avide; *cupidus,* qui désire; *studiosus,* qui a du goût pour; *peritus,* habile dans; *expers,* qui manque; *patiens,* qui souffre; *rudis,* qui ne sait pas; *memor*, qui se souvient; *immemor*, qui ne se souvient pas ; *plenus*, plein, *etc*. gouvernent le génitif.

Exemples.

Avide de louanges, *avidus laudum;* habile dans la musique, *peritus musicæ ;* plein de vin, *plenus vini.* (*Plenus* gouverne aussi l'ablatif, *plenus vino*).

Cupidus *videndi.*

Quand les adjectifs qui gouvernent le génitif, sont suivis d'un infinitif français, on met en latin cet infinitif au gérondif en *di*.

Exemples.

Curieux de voir, *cupidus videndi;* de voir la ville, *videndi urbem*, et mieux *videndæ urbis.*

Adjectifs qui gouvernent le génitif ou le datif.

Similis *patris* ou *patri.*

II. *Similis*, semblable ; par, *æqualis*, égal; *affinis*, allié, régissent le génitif ou le datif.

Exemples.

Semblable à son père, *similis patris* ou *patri:* allié au Prince, *affinis principis* ou *principi.*

Adjectifs qui gouvernent le datif seulement.

Mihi *utile* est.

III. *Utilis*, utile à ; *commodus*, avantageux à ; *infensus, iratus*, irrité contre ; *assuetus*, accoutumé à ; *aptus, idoneus*, propre à, etc., gouvernent le datif.

Exemples.

Cela m'est utile, *id mihi utile est;* corps accoutumé au travail, *corpus assuetum labori.*

Quand ces adjectifs sont suivis d'un infinitif français, on met en latin cet infinitif au gérondif en *do*. (Le gérondif en *do* est ici un véritable datif).

Exemples.

Corps accoutumé à supporter le travail, *corpus assuetum tolerando laborem,* ou mieux *tolerando labori,* en se servant du participe en *dus, da, dum,* et le faisant accorder avec le nom.

REMARQUE. Après *aptus, idoneus* et *natus*, on peut mettre l'accusatif avec *ad.* Exemples : propre à la guerre, *aptus ad militiam;* né pour les armes, *natus ad arma.*

Adjectifs qui gouvernent l'accusatif avec ad.

Propensus *ad lenitatem.*

IV. *Propensus, pronus, proclivis,* porté à... et tous les adjectifs qui marquent un penchant ou une inclination à quelque chose, gouvernent l'accusatif avec *ad.*

Exemple.

Porté à la douceur, *propensus ad lenitatem.*

Quand ces adjectifs sont suivis d'un infinitif français, on met en latin cet infinitif au gérondif en *dum*. (Le gérondif en *dum* est un véritable accusatif).

Exemple.

Prompt à se mettre en colère, *pronus ad irascendum.*

Adjectifs qui gouvernent l'accusatif sans préposition.

Populabundus *agros.*

V. Les adjectifs en *bundus* gouvernent l'accusatif, quand ils viennent d'un verbe qui régit ce cas.

Exemple.

Ravageant les campagnes, *populabundus agros.*

Adjectifs qui régissent l'ablatif.

Præditus *virtute.*

VI. *Præditus*, doué de ; *dignus*, digne de ; *indignus*, indigne de ; *contentus*, content de, etc., veulent l'ablatif.

Exemples.

Jeune homme doué de vertu, *adolescens virtute præditus ;* digne de louange, *dignus laude ;* content de son sort, *contentus suâ sorte.*

Remarque. On trouve quelquefois *dignus* avec le génitif.

Mirabile *visu.*

VII. Après les adjectifs *admirable à, facile à, difficile à,* etc., l'infinitif français se rend en latin par le supin en *u.*

Exemples.

Chose admirable à voir (tournez à être vue), *res visu mirabilis* ou *mirabile visu.*

(Quand on n'exprime pas le mot chose, l'adjectif latin se met au neutre).

Chose facile à dire, *res dictu facilis ;* à trouver, *inventu.*

SYNTAXE DES COMPARATIFS ET DES SUPERLATIFS.

Doctior Petro.

I. Après le comparatif exprimé par un seul mot latin, on met le nom à l'ablatif en supprimant le *que.*

Exemples.

Plus savant que Pierre, *doctior Petro.*

La vertu est plus précieuse que l'or, *virtus est pretiosior auro.* (On sous-entend *præ*, en comparaison de).

REMARQUE. On peut aussi, après le comparatif, exprimer *que* par *quàm*, et mettre après même cas que devant.

Exemples.

Paul est plus savant que pierre, *Paulus est doctior quàm Petrus.*

Je ne connois personne plus savant que Paul, *neminem novi doctiorem quam Paulum.*

Felicior quàm prudentior.
Feliciùs quàm prudentiùs.

II. Quand après un comparatif, le *que* est suivi d'un adjectif ou d'un adverbe, cet adjectif ou cet adverbe se met encore au comparatif, et l'adjectif doit être au même cas que le premier.

Exemples.

Il est plus heureux que prudent, *felicior est quàm prudentior.*

Ils envoyèrent un général plus hardi qu'habile, *miserunt ducem audaciorem quàm peritiorem.*

Magis pius *quàm tu.*

III. Quand l'adjectif latin n'a point de comparatif, on exprime *plus* par *magis*, et alors le *que* se rend toujours par *quàm*, avec même cas après que devant.

Exemple.

Il est plus pieux que vous, *magis pius est quàm tu.*

Majori virtute *præditus.*

IV. Quand l'adjectif français se rend en latin par deux mots (un adjectif et un nom), l'on exprime *plus* par *major, majus;* moins par *minor, minus*, que l'on fait accorder avec le nom.

Exemples.

Plus vertueux, *majori virtute præditus*, et non pas *magis virtute præditus;* moins vertueux, *minori virtute præditus.*

Doctior est *quàm putas.*

V. Si le *que* après le comparatif est suivi d'un verbe, on exprime toujours le *que*, et l'on met en latin le même temps que dans le français. Exemples.

Il est plus savant que vous ne pensez, *doctior est quàm putas.* (*Ne* qui suit le comparatif français, ne s'exprime point en latin).

Rien n'est plus honteux que de mentir, *nihil turpius est quàm mentiri.*

SUPERLATIFS.

Altissima arborum, ou *ex arboribus,* ou *inter arbores.*

I. Règle. Le superlatif veut le nom pluriel qui le suit, au génitif, ou à l'ablatif avec *ex,* ou à l'accusatif avec *inter.*

Exemple.

Le plus haut des arbres, *altissima arborum,* ou *ex arboribus,* ou *inter arbores.*

Remarque. Le superlatif prend le même genre que le nom pluriel qui le suit : *altissima* est du féminin, parce que son régime *arborum* est du féminin.

Mais si le régime du superlatif étoit un nom singulier, le superlatif ne s'accorderoit pas en genre avec ce nom, et alors il ne gouverne que le génitif.

Exemple.

Le plus riche de la ville, *ditissimus urbis,* (on sous-entend *homo*), c'est-à-dire l'homme le plus riche de la ville.

Validior manuum.

II. Quand on ne parle que de deux choses, au lieu du superlatif qui est dans le français, on met le comparatif en latin.

Ex. La plus forte des deux mains, *validior manuum.*

Maximè omnium conspicuus.

III. Quand l'adjectif latin n'a point de superlatif, on se sert de *maximè* avec le positif.

Exemple.

Le plus remarquable de tous, *maximè omnium conspicuus.*

REMARQUE. Les noms que l'on appelle *Partitifs*, c'est-à-dire, qui marquent la partie d'un plus grand nombre, comme *unus, quis, aliquis, nemo*, etc., gouvernent le même cas que le superlatif.

Exemples.

Un des soldats, *unus militum*, ou *ex militibus*, ou *inter milites.*

Qui de nous, *quis nostrûm*, et non pas *nostrî*; qui de vous, *quis vestrûm.* (On ne se sert de *nostrî, vestrî,* qu'après un verbe ou un nom qui n'est point partitif).

REMARQUE. Quand le superlatif pluriel n'est pas suivi d'un génitif, il faut ajouter *quisque* au superlatif latin. *Exemple* : les plus honnêtes gens le favorisent, *optimus quisque illi favet.*

SYNTAXE DES VERBES.

Accord du verbe avec le nominatif ou sujet.

Ego audio.

I. RÈGLE. Tout verbe, quand il n'est pas à l'infinitif, s'accorde avec son nominatif en nombre et en personne.

Exemples.

J'écoute, *ego audio*; vous enseignez, *tu doces*; il lit, *ille legit.*

REMARQUE. On sous-entend ordinairement le pronom nominatif : ainsi l'on dit simplement *audio*, *doces*, *legit* : il faut cependant l'exprimer quand il y a deux verbes dont le sens est opposé, ou quand la phrase contient quelque chose de vif.

Exemples.

Vous riez, et je pleure, *tu rides, ego fleo*.

Vous osez parler ainsi ? *tu loqui sic audes?*

Petrus et Paulus *ludunt*.

II. Règle. Quand un verbe a deux nominatifs singuliers, on met ce verbe au pluriel, parce que deux singuliers valent un pluriel.

Exemple.

Pierre et Paul jouent, *Petrus et Paulus ludunt*.

Ego et tu *valemus*.

III. Règle. Si les nominatifs d'un même verbe sont de différentes personnes, le verbe prend la plus noble des deux personnes; la première est plus noble que les deux autres; la seconde est plus noble que la troisième.

Exemples.

Vous et moi nous nous portons bien, *ego et tu valemus*.

Vous et votre frère vous causez, *tu fraterque garritis*.

Remarque. En français, la première personne se nomme après les autres; c'est le contraire en latin.

Turba *ruit* ou *ruunt*.

IV. Règle. Quand le nominatif est un nom *collectif*, le verbe peut se mettre au pluriel.

(On appelle *collectif* un nom qui, quoiqu'au singulier, signifie plusieurs personnes ou plusieurs choses. *Exemple :* La foule se précipite, *turba ruunt* ou *ruit*).

RÉGIME DES VEBBES.

Verbes qui gouvernent le nominatif.

Deus est sanctus.

I. Règle. Le verbe *sum* veut après lui le nominatif, quand il n'est pas à l'infinitif.

Ex. Dieu est saint, *Deus est sanctus.*

Je suis le pieux Énée, *sum pius Æneas.*

II. Règle, Mais si le verbe sum est à l'infinitif, il veut après lui le même cas que devant.

Exemples. Je crois que Dieu est saint, *credo Deum esse sanctum.* (En latin on dit : je crois Dieu être saint).

Il ne m'est pas permis d'être paresseux, *mihi non licet esse pigro.*

Remarque. Si cependant le nom qui précède étoit au génitif, il faudroit mettre l'adjectif à l'accusatif. *Exemple :* il importe à un jeune homme d'être laborieux, *refert adolescentis esse impigrum.*

III. Règle. Les verbes passifs qui ne sont pas suivis de *par* ou *de, du, des,* et tous les verbes neutres ou déponens, après lesquels on ne peut pas mettre *quelqu'un* ou *quelque chose,* veulent le nominatif comme le verbe *sum*, quand ils ne sont pas à l'infinitif.

Exemples. Aristide mourut pauvre, *Aristides mortuus est pauper.*

Un poëte se promène seul, *poëta ambulat solus.*

Je m'appelle lion, c'est-à-dire, je suis appelé lion, *nominor leo.*

Cette nation passe pour belliqueuse, *hæc gens habetur bellicosa.* (Passer pour, être regardé comme, s'exprime par le verbe *haberi, habeor, eris, itus sum.*)

IV. Règle. Mais si ces verbes sont à l'infinitif, ils veulent après eux le même cas que devant. *Exemples.*

J'ai vu Méris devenir loup, *vidi Mœrim fieri lupum.*

Je désire n'être point réputé menteur, *cupio me non putari mendacem.*

Vous dites que vous avez vécu heureux, *dicis te vixisse beatum.*

Verbes qui régissent l'accusatif.

Amo *Deum.*

I. Règle. Tout verbe actif régit l'accusatif.

Exemples:

J'aime Dieu, *amo Deum.* Vous pratiquez la vertu, *colis virtutem.* Scipion vainquit Annibal, *Scipio vicit Annibalem.*

Imitor *patrem.*

II. Plusieurs verbes déponens ont la force des verbes actifs, et gouvernent l'accusatif.

Exemples

J'imite mon père, *imitor patrem*. Nous admirons la vertu, *miramur virtutem*.

Musica *me juvat* ou *delectat*

III. Les verbes *juvat, delectat*, il fait plaisir ; *manet*, il est réservé ; *decet*, il convient; et *fugit, fallit, prœterit*, employés pour exprimer le verbe français *ignorer*, veulent au nominatif le nom de la chose qui fait plaisir, qui convient, etc., et le nom de la personne à l'accusatif.

Exemples.

La musique me fait plaisir, *mot à mot*, me réjouit, *musica me juvat* ou *delectat*.

Une gloire éternelle nous est réservée, *mot à mot*, nous attend, *gloria æterna nos manet.*

(Quand *attendre* a pour nominatif un nom de chose, on l'exprime par *manere;* quand c'est un nom de personne, par *expectare*).

Nous ignorons bien des choses, *mot à mot*, bien des choses nous échappent, nous trompent, nous passent, *multa nos fugiunt, fallunt, prætereunt.*

Vous savez cela *ou* vous n'ignorez pas cela, *id te non fugit, fallit, prœterit,*

Verbes qui gouvernent le datif.

Studeo *grammaticæ.*

I. Règle. La plupart des verbes neutres gouvernent le datif.

Exemples.

J'étudie la grammaire, *studeo grammaticæ.*
Nous favorisons la vertu, *favemus virtuti.*
Il a contenté le maître, *satisfecit præceptori.*

Defuit *officio.*

II. Les composés du verbe *sum* gouvernent le datif, excepté *absum* qui veut l'ablatif avec *à* ou *ab.*

Exemples.

Il a manqué à son devoir, *defuit officio.*
Il étoit présent à ce spectacle, *aderat huic spectaculo.*
Vous êtes éloigné du marché, *abes à foro.*

III. Les trois verbes *imminere, impendere, instare,* gouvernent le datif.

Exemple.

Un grand malheur vous menace, *magna calamitas tibi imminet, impendet, instat.*

REMARQUE. Quand le verbe *menacer* a pour nominatif un nom de chose inanimée, c'est-à-dire sans vie, on l'exprime par *imminere, impendere, instare.*

Id mihi *accidit, evenit, contingit.*

IV. Les verbes *accidit, evenit, contingit,* il arrive ; *conducit, expedit,* il est avantageux ; *placet,* il plaît, etc., veulent le nom de la personne au datif.

Ex. Cela m'est arrivé, *id mihi accidit.*
Cela vous est avantageux, *hoc tibi expedit.*

Homo irascitur *mihi.*

V. Les verbes déponens *irasci,* se mettre

en colère ; *blandiri*, flatter; *opitulari*, secourir; *minari*, menacer, etc., gouvernent le datif.

Exemples.

Cet homme se fâche contre moi, *homo irascitur mihi*. Il me menace, *minatur mihi*.

REMARQUE. Le verbe *menacer* s'exprime par *minari*, quand il a pour nominatif un nom de personne.

Est *mihi* liber.

VI. Quand on se sert du verbe *sum* pour signifier *avoir*, on met le nom de la personne au datif.

Ex. J'ai un livre : *tournez*, un livre est à moi, *liber est mihi*.

Hoc erit *tibi dolori*.

VII. Quand on se sert du verbe *sum* pour signifier *causer*, *apporter*, *procurer*, il gouverne deux datifs.

Exemple.

Cela vous causera de la douleur ; *tournez*, cela sera à douleur à vous, *hoc erit tibi dolori*.

Les verbes *do*, *verto*, *tribuo*, suivent la même règle.

Ex. Il m'a fait un crime de ma bonne foi, *crimini dedit mihi meam fidem*.

Blâmer quelqu'un de quelque chose, *vitio vertere aliquid alicui* ; c'est-à-dire, tourner à défaut à quelqu'un.

Verbes qui gouvernent l'ablatif.

Abundat *divitiis*, nullâ re caret.

I. RÈGLE. Les verbes neutres qui signifient

abondance ou *disette*, gouvernent ordinairement l'ablatif.

Exemples.

Il regorge de biens, *abundat divitiis*.
Il ne manque de rien, *nullâ re caret*.

Le verbe *gaudere*, se réjouir, gouverne aussi l'ablatif : se réjouir du bonheur d'autrui, *gaudere felicitate alienâ*.

Fruor *otio*.

II. Les sept verbes déponens qui suivent, et leurs composés, gouvernent l'ablatif; *fruor otio*, je jouis du repos; *fungor officio*, je m'acquite du devoir; *potior urbe*, je suis maître de la ville; *vescor pane*, je me nourris de pain; *utor libris*, je me sers de livres; *gloriari alienis bonis*, se glorifier des avantages d'autrui, *lætor hâc re*; je me réjouis de cela.

Remarque. Cependant on trouve dans les bons auteurs, *potiri* avec le génitif et l'accusatif: *potiri rerum*, Cic. avoir la domination; et *urbem potiturus*, Cic. devant se rendre maître de la ville; *perfrui* avec l'accusatif; *ad perfruendas voluptates*, Cic. pour jouir du plaisir; *fungi* avec l'accusatif: *functus officium*, Terent., s'étant acquitté de son devoir; *uti*, avec l'accusatif: *utere, ut voles, operam meam*, Plaut. employez-moi à ce que vous voudrez; *abuti*, avec l'accusatif: *operam abutitur*, Ter. il perd sa peine ; *lætari*, avec le génitif: *lætari malorum*, Virg. se réjouir des maux. Mais les commençans ne doivent point suivre ces exemples.

Verbes qui gouvernent le génitif.

Le verbe *misereri*, avoir pitié, gouverne le génitif.
Exemple.
Ayez pitié des pauvres, *miserere pauperum*.

Oblivisci, oublier ; *recordari, meminisse,* se souvenir, gouvernent le génitif ou l'accusatif.
Exemple.
Je me souviens des vivans, et je ne puis oublier les morts, *vivorum memini, nec possum oblivisci mortuorum.*

RÉGIME INDIRECT DES VERBES.

Il y a des verbes qui, outre l'accusatif que l'on appelle *régime direct*, gouvernent un autre nom que l'on appelle leur *régime indirect :* ce régime indirect des verbes est marqué en français par *à, au, aux*, ou par *de, du, des.*
Do vestem *pauperi.*
I. Règle. Les verbes qui signifient *donner, dire, promettre*, etc., veulent au datif leur régime indirect marqué par *à*.
Exemples.
Je donne un habit au pauvre, *do vestem pauperi.*

Dieu promet une vie éternelle au juste, *Deus vitam æternam justo promittit.*

Minari mortem *alicui.*

MÊME RÈGLE. Les verbes déponens *minari*, menacer; *gratulari*, féliciter, veulent le nom de la chose à l'accusatif, et le nom de la personne au datif.

Exemples.

Menacer quelqu'un de la mort: *tournez*, menacer la mort à quelqu'un, *minari mortem alicui.*

Féliciter quelqu'un d'une victoire; *tournez*, complimenter la victoire à quelqu'un, *gratulari victoriam alicui.*

Hæc via ducit *ad virtutem.*

II. Quand le verbe signifie quelque mouvement, comme *conduire à...* ou une inclination vers quelque chose, comme *exhorter à, exciter à, etc.*, le régime indirect se met à l'accusatif avec *ad.*

Exemples.

Ce chemin conduit à la vertu, *hæc via ducit ad virtutem.*

Je vous exhorte au travail, *te hortor ad laborem.*

Doceo *pueros grammaticam.*

III. Les verbes *docere*, instruire; *rogare*, prier; *cælare*, cacher, veulent deux accusatifs, le nom de la personne et celui de la chose.

Exemple.

J'enseigne la grammaire aux enfans; *tournez,*

de Lhomond.

nez, j'instruis les enfans sur la grammaire, *doceo pueros grammaticam.*

REMARQUE. *Grammaticam* est à l'accusatif, à cause d'une préposition sous-entendue (*ad* ou *secundùm*).

Scribo *ad te* ou *tibi* epistolam.

IV. Les trois verbes *scribo*, j'écris ; *mitto*, j'envoie ; *fero*, je porte, veulent leur régime indirect à l'accusatif avec *ad*, ou au datif.

Exemple.

Je vous écris une lettre, *scribo ad te* ou *tibi epistolam.*

Accepi litteras *à patre meo.*

V. Les verbes *demander, recevoir, emprunter, acheter, espérer, attendre, obtenir*, etc., veulent leur régime indirect à l'ablatif, avec *à* ou *ab*.

Exemples.

J'ai reçu une lettre de mon père, *accepi litteras à patre meo.*

Il a demandé une grâce au prince, *petivit beneficium à principe.*

Si le régime indirect du verbe *recevoir* est une chose inanimée, on le met à l'ablatif avec *è* ou *ex*; on fait de même après les verbes *allumer à, prendre à, juger à, puiser à*, etc.

Exemples.

J'ai reçu une grande joie de votre lettre ; *accepi magnam voluptatem ex tuis litteris.*

Puiser de l'eau à une fontaine, *haurire aquam ex fonte.*

Il alluma son flambeau à l'autel de Jupiter, *lucernam ex ard Jovis accendit.* Phæd.

Id audivi *ex amico* ou *ab amico meo.*

VI. Les verbes *audire*, apprendre; *quærere*, s'informer, veulent leur régime indirect à l'ablatif, avec *à* ou *ab*, *è* ou *ex* ; mais après *cognoscere*, apprendre, c'est toujours *è* ou *ex.*

Exemples.

J'ai appris cela de mon ami ; *id audivi ex* ou *ab amico meo.*

J'ai connu par votre lettre, *ex litteris tuis cognovi.*

Christus redemit hominem *à morte.*

VII. Les verbes *délivrer, racheter éloigner, arracher, ôter, séparer, détourner,* etc., veulent leur régime indirect à l'ablatif, avec *à* ou *ex*, et quelquefois sans préposition.

Exemples.

Jésus-Christ a racheté l'homme de la mort, *Christus redemit hominem à morte.*

Délivrer quelqu'un de la servitude, *eximere aliquem à* ou *ex servitute*, ou *servitute*, sans préposition.

Implere dolium *vino.*

VIII. Les verbes *d'abondance,* de *disette* et de *privation*, veulent leur régime indirect à l'ablatif sans préposition

Exemples.

Emplir un tonneau de vin, *implere dolium vino.*

Combler quelqu'un de bienfait, *cumulare aliquem beneficiis.*

Priver quelqu'un de secours, *nudare aliquem præsidio.*

Admonui-eum *periculi* ou *de periculo.*

IX. Les verbes *avertir, informer* veulent leur régime indirect marqué par *de,* au génitif ou à l'ablatif avec *de.*

Exemples.

Je l'ai averti du danger, *admonui eum periculi* ou *de periculo.*

Plût à Dieu que j'eusse été informé de votre dessein! *utinam factus essem tui consilii certior!* Cic.

Remarque. Avec *moneo,* l'on met bien les accusatifs neutres, *hòc, id, illud, unum;* je les avertis de cela, *hoc eos moneo;* d'une chose, *unum.* Cic.

Insimulare aliquem *furti* ou *furto.*

X. Les verbes *accuser, condamner, absoudre, convaincre,* veulent leur régime indirect au génitif ou à l'ablatif; mais mieux au génitif.

Exemples.

Accuser quelqu'un de larcin, *insimulare aliquem furti* ou *furto.*

Absoudre quelqu'un d'un crime, *absolvere aliquem criminis* ou *crimine.*

Ire Remarque. Avec le verbe *condamner,* le nom de la peine particulière et déterminée, se met à l'accusatif avec *ad.*

Exemples.

Condamner quelqu'un aux galères, *damnare aliquem ad triremes;* à tourner la meule, *ad molam.*

II. REMARQUE. Les verbes *accuser*, *condamner*, suivis d'un infinitif s'expriment, *accuser*, par *arguere*, et *condamner*, par *jubere*, avec l'infinitif latin.
Exemples.
Il est accusé d'avoir trahi la république, *arguitur prodidisse rempublicam.* Il fut condamné à sortir de la ville; *tournez,* il reçut ordre de sortir de la ville, *jussus est ab urbe discedere.*

Deus *amat* virum bonum, *illique favet.*

Quand deux verbes n'ont qu'un régime en français, et que les verbes latins gouvernent différens cas, on met le nom au cas du premier verbe, et l'on se sert d'un des pronoms *is*, *ille*, *ipse*, pour le mettre au cas du second.
Exemples.
Dieu aime et favorise l'homme de bien; *dites,* Dieu aime l'homme de bien et le favorise, *Deus amat virum bonum, illique favet.*

RÉGIME DES VERBES PASSIFS.
Amor *à Deo.*

I. RÈGLE. Le régime du verbe passif se met à l'ablatif avec *à* ou *ab*, quand c'est un nom de chose animée.
Exemple.
Je suis aimé de Dieu, *amor à Deo.*
Mœrore conficior.

II. Quand le régime du verbe passif est

un nom de chose inanimée, on met l'ablatif sans préposition.

Exemple.

Je suis accablé de chagrin, *mœrore conficior.*

Remarque. Avec *probor, improbor, videor,* et les participes en *dus, da, dum,* l'on met mieux le nom au datif qu'à l'ablatif. *Ex.* Ce sentiment n'est approuvé ni de lui ni de nous, *hæc sententia neque nobis, neque illi probatur.* Je dois pratiquer la vertu, *mihi colenda est virtus.*

RÉGIME DES VERBES

Pertinet, Attinet, Spectat.

Hoc *ad me* pertinet.

Les trois verbes *pertinere*, appartenir ; *attinere, spectare,* regarder, avoir rapport à, veulent le nom de la personne à l'accusatif avec *ad.*

Exemples

Cela me regarde ou m'appartient, *hoc ad me pertinet* ou *spectat.* Pour ce qui me regarde, *quod ad me attinet.*

RÉGIME DES IMPERSONNELS

Pœnitet, Pudet, Piget, etc.

Me *penitet culpæ meæ.*

I. Les cinq verbes *pœnitet, pudet, piget, tædet, miseret,* veulent à l'accusatif le nom ou pronom qui précède le verbe français, et au génitif le nom qui le suit.

Exemples.

Je me repens de ma faute, *me pœnitet culpæ meæ.*

Ils ont pitié de cet homme, *eos miseret hominis hujus.*

Incipit me pœnitere *culpæ meæ.*

II. Tous les verbes, excepté *volo, nolo, malo, audeo, cupio,* deviennent impersonnels devant *pœnitet, pudet.* etc., c'est-à-dire qu'on les met à la troisième personne du singulier, et le nom qui les précède se met à l'accusatif,

Exemples.

Je commence à me repentir de ma faute, *incipit me pœnitere culpæ meæ.*

Vous devez avoir honte de votre paresse, *debet te pudere tuæ negligentiæ.*

Régime *des verbes* refert, interest, *il importe à, il est important à, il est de l'intérêt de.*

Refert, interest *Reipublicæ.*

I. Les verbes *refert, interest,* veulent au génitif le nom qui suit le verbe français *il importe.*

Exemple.

Il importe à la République, *refert* ou *interest Reipublicæ.*

Remarque. L'on sous-entend *re* ou *causâ* devant ce génitif. *Interest* (causâ) *Reipublicæ,* il importe pour la République.

Refert, interest *meâ, tuâ, nostrâ, vestrâ, suâ.*

II. Avec *refert*, *interest*, ces pronoms *me*, *te*, *nous*, *vous*, *lui*, *leur*, s'expriment par *meâ*, *tuâ*, *nostrâ*, *vestrâ*, *suâ*, on sous-entend *causâ*.

Exemples.

Il m'importe, *refert*, *interest meâ;* il vous importe *tuâ;* il nous importe, *nostrâ*.

Le maître croit qu'il lui importe, *en latin on dit:* Le maître croit importer à soi, *magister credit suâ referre*. (On ne met *suâ* que quand *lui* se rapporte au nominatif de la phrase, autrement ce seroit *ejus*).

III. Si après *il importe*, ces pronoms *à moi*, *à toi*, etc., sont suivis d'un adjectif ou d'un nom, l'on met au génitif cet adjectif ou ce nom.

Exemples.

Il importe à vous seul, *interest tuâ unius*
Il importe à moi César *refert meâ Cæsaris*.

IV. Ces phrases: il nous importe *à tous deux;* il vous importe, il leur importe *à tous deux*, se tournent ainsi.

Il importe *à l'un et à l'autre* de nous, de vous, d'eux, *utriusque nostrûm*, *vestrûm*, *illorum interest*.

V. Lorsque les verbes *refert*, *interest*, ont pour régime un nom de chose inanimée, on met ce nom à l'accusatif avec *ad*.

Exemple.

Il importe à notre honneur, *ad honorem nostrum interest*.

RÉGIME *du verbe impersonnel* EST, *il appartient à.*

Est *adolescentis.*

I. Le verbe impersonnel *est* veut au génitif le nom qui suit le verbe fançais.

Exemple.

Il est d'un jeune homme de respecter ceux qui sont avancés en âge, *est adolescentis majores natu vereri.*

REMARQUE. On sous-entend *negotium* ou *officium* devant ce génitif; c'est comme s'il y avoit : *Est negotium adolescentis,* ou *officium adolescentis;* c'est l'affaire d'un jeune homme.

Est *meum, tuum, nostrum, vestrum, suum.*

II. Quand on se sert du verbe *est* pour exprimer *il appartient à, c'est à,* ces pronoms *à moi, à toi, à nous, à vous, à lui, à eux,* se rendent en latin par *meum, tuum, nostrum, vestrum, suum.*

Exemples.

C'est à moi de parler, *ou* il m'appartient de parler, *meum est loqui* (sous-entendu *negotium*).

Le maître croit que c'est à lui de... ou qu'il lui appartient de... *tournez,* le maître croit être son affaire, *magister credit suum esse.* (On ne met *suum* que quand *lui* se rapporte au nominatif de la phrase, autrement ce seroit *ejus*).

III. Mais si ces pronoms *à moi*, *à toi*, etc. peuvent se tourner par *mien*, *tien*, *notre*, *votre*, on les exprime pas *meus*, *tuus*, *noster*, *vester*, que l'on fait accorder avec le nom.

Exemple.

Ce livre est à moi; *tournez*, ce livre est le mien, *hic liber est meus*.

RÉGIME *de l'impersonnel* OPUS EST, *il est besoin.*

Mihi opus est *amico*.

RÈGLE. Quand on exprime *avoir besoin* par l'impersonnel *opus est*, on met en latin au datif le nom ou pronom qui précède le verbe français, et à l'ablatif le nom qui le suit.

Exemple.

J'ai besoin d'un ami, *tournez* besoin est à moi, *mihi opus est amico*.

RÉGIME *du verbe* INTERDICO.

Interdico tibi *domo meâ*.

Le verbe *interdico* veut le nom de la personne au datif, et le nom de la chose à l'ablatif. *Exemple.*

Je vous interdis ma maison, *interdico tibi domo meâ*; c'est comme s'il y avoit, *je vous défends de vous servir de ma maison*. Ainsi, l'ablatif est gouverné par le verbe *uti*, sousentendu.

RÉGIME *d'un verbe sur un autre verbe.*

Amat *ludere.*

I. RÈGLE. Quand deux verbes sont de suite, et que le premier ne marque point de mouvement, on met le second au présent de l'infinitif.

Exemples.

Il aime à jouer, *amat ludere.*
Il cessa de parler, *desiit loqui.*

Eo *lusum.*

II. Si le premier verbe signifie mouvement pour aller ou venir en quelque lieu, on met le second au supin en *um*.

Exemples.

Je vais jouer, *eo lusum.* Je viens jouer, *venio lusum.*

REMARQUE. Quand le second verbe n'a point de supin, il faut le tourner par *pour*, et l'exprimer par *ad* avec le gérondif en *dum*, ou par *afin que*, et l'exprimer par *ut* avec le subjonctif.

Exemples.

Je vais étudier; tournez, pour étudier, *venio ad studendum*, ou afin que j'étudie, *venio ut studeam*, (Le verbe *studeo* n'a point de supin).

Redeo *ab ambulando.*

III. Lorsque deux verbes sont de suite, et que le premier signifie mouvement pour venir de quelque lieu, on met le second au gérondif en *do*, avec *à* ou *ab*.

Exemple.

Je reviens de me promener, *redeo ab ambulando.*

REMARQUE. Si le second verbe a un régime, et qu'il gouverne l'accusatif, il est mieux de se servir du participe en *dus, da, dum,* et alors on met le participe et le régime à l'ablatif avec *a* ou *ab,* en les faisant accorder.

Exemple.

Je revenois de visiter mes terres, *redibam ab agris invisendis.*

Te hortor *ad legendum.*

IV. Après les verbes qui signifient mouvement vers quelque lieu, ou inclination vers quelque chose, comme *pousser a, exhorter a,* etc., on exprime *à* par *ad,* et l'on met le verbe au gérondif en *dum.*

Exemples.

Je vous exhorte à lire, *te hortor ad legendum;* à lire l'histoire, *ad legendum historiam.*

REMARQUE. Si le second verbe a un régime, et qu'il gouverne l'accusasif, il est mieux de se servir du participe en *dus, da, dum,* que l'on met à l'accusatif avec *ad,* en le faisant accorder avec son régime.

Exemples.

Je vous exhorte à lire l'histoire, *te hortor ad legendam historiam.*

Consumit tempus *legendo.*

V. Lorsque *à* devant un infinitif français peut se tourner par *en* et le participe présent on met cet infinitif au gérondif en *do* avec ou sans la préposition *in.*

Exemples.

Il passe son temps à lire, *tournez*, en lisant, *consumit tempus legendo;* à lire l'histoire, *legendo historiam*, et mieux *in legendâ historiâ.*

Dedit mihi libros *legendos.*

VI. Quand *à* devant un infinitif français peut se tourner par *pour* avec l'infinitif passif, on se sert du participe en *dus, da, dum,* que l'on fait accorder avec le nom qui précède.

Exemple.

Il m'a donné des livres à lire, c'est-à-dire, pour être lus, *dedit mihi libros legendos.*

Vidi eum *ingredientem.*

VII. Après les verbes, *voir, sentir, écouter, entendre, admirer*, l'infinitif français se met en latin au participe présent, que l'on fait accorder avec le régime des verbes *voir, sentir,* etc.

Exemples.

Je l'ai vu entrer; *tournez*, j'ai vu lui entrant, *vidi eum ingredientem.* Vous l'entendrez parler; *illum loquentem audies.*

SYNTAXE DES PRONOMS.

Accord du pronom avec l'antécédent.

Deus qui *regnat.*

I. Règle. Le pronom relatif *qui, quæ, quod,* s'accorde en genre et en nombre avec le nom ou pronom qui précède, et que l'on nomme *antécédent*.

Exemples.

Dieu qui règne, *Deus qui regnat.* Ma mère qui est malade, *mater mea quœ œgrotat.* L'animal qui court, *animal quod currit.*

Il importe à moi qui enseigne, *refert meâ qui doceo.* (*Meâ* tient lieu du génitif *mei*).

Pater et mater *quos amo.*

II. Quand le relatif *qui, quœ, quod,* a deux antécédens, on le met au pluriel, et si les antécédens sont de différens genres, le relatif s'accorde avec le plus noble.

Exemple.

Le père et la mère que j'aime, *pater et mater quos amo.*

Virtus et vitium *quœ* sunt *contraria.*

III. Si les deux antécédens sont des choses inanimées, le relatif se met au pluriel neutre.

Exemple.

La vertu et le vice qui sont opposés, *virtus et vitium quœ sunt contraria.* (*Negotia* sous-entendu, qui sont des choses contraires).

A quel cas faut-il mettre le relatif qui, quæ, quod,

Règle générale.

Le relatif *qui, quœ, quod,* se met au cas où l'on mettroit l'antécédent dont il tient la place : pour le connoître, il n'y a qu'à exprimer cet antécédent, au lieu du relatif qui le représente.

Grammaire latine

RÈGLES PARTICULIÈRES.

Deus qui *regnat.*

I. *Qui* se met au nominatif, comme on voit par l'exemple *Deus qui regnat.*

Cependant lorsque le verbe latin veut à un autre cas le nom qui est au nominatif en français, alors le *qui* relatif se met au cas que le verbe latin demande.

exemples.

L'enfant qui se repent, *puer quem pœnitet;* je mets *quem*, parce que les verbes *pœnitet, pudet, tædet,* etc., veulent à l'accusatif latin le nom ou le pronom qui précède le verbe français *se repentir,* etc.

Le maître qui a besoin, *magister cui opus est;* je mets *cui*, parce qu'avec *opus est*, le nominatif français se met au datif en latin. Le jeune homme qui a intérêt, *c'est-à-dire*, à qui il importe, *adolescens cujus interest.*

REMARQUE. Si le *qui* français peut se tourner par *celui que*, mettez-le au cas que gouverne le verbe précédent.

Exemples.

Envoyez qui vous voudrez; *tournez,* celui que vous voudrez, *mitte quem voles.* (Sous-entendu *mittere*).

II. *Que* relatif se met toujours au cas du verbe suivant.

Exemples.

Dieu que j'aime, *Deus quem amo.* La grammaire que j'étudie; *grammatica cui studeo.*

La grammaire que je veux étudier, *grammatica cui volo studere;* (*cui* parce qu'il est régime du second verbe).

REMARQUE. Si le *que* relatif est gouverné par deux verbes qui veulent différens cas, on l'exprime deux fois, et on le met au cas de chaque verbe).

Exemples.

Les pauvres que nous devons aimer et secourir, *pauperes quos amare et quibus opitulari debemus.*

REMARQUE. *Qui, quæ, quod,* entre deux noms auxquels il se rapporte également, s'accorde mieux avec celui qui le suit. *Ex.* L'animal que nous appelons lion ; *animal quem vocamus leonem.*

Il est élégant de n'exprimer l'antécédent qu'après le *qui* ou *que* relatif, et alors on met l'antécédent au même cas que le relatif. *Ex.* La lettre que vous avez écrite, m'a été très-agréable. Au lieu de dire : *litteræ quas scripsisti, mihi fuerunt jucundissimæ,* dites, *quas scripsisti litteras, eæ mihi fuerunt jucundissimæ.*

Dont ou *de qui*,

III. *Dont, de qui,* est toujours gouverné par le mot de la phrase après lequel on peut mettre par interrogation *de qui? de quoi?* Ce mot est ou un nom, ou un adjectif, ou un verbe.

1.° Quand *dont* est gouverné par un nom, il se met au génitif.

Exemple.

Dieu dont nous admirons la providence : (On peut demander *la providence de qui ?*) *Deus cujus providentiam miramur.*

2.º Quand *dont* est gouverné par un adjectif, il se met au cas que régit cet adjectif.

Exemple.

La récompense dont vous êtes digne : (on peut demander *digne de quoi ?*) *merces quâ dignus es.*

3.º Quand *dont* est gouverné par un verbe, il se met au cas du verbe.

Exemple.

Les livres dont je me sers, *libri quibus utor.*

A qui.

IV. *A qui* se met au cas que demande le verbe ou l'adjectif auquel il se rapporte.

Exemple.

L'homme à qui vous avez confié votre affaire, *homo cui negotium tuum commisisti.*

L'enfant à qui cela est utile, *puer cui id utile est.*

Par qui.

V. *Par qui*, suivi d'un verbe passif, se met à l'ablatif avec *à*.

Exemple.

Romulus par qui Rome fut fondée, *Romulus à quo Roma condita fuit.*

Par qui, signifiant par le moyen duquel, s'exprime par *per* avec l'accusatif.

Exemple.

Celui par qui j'ai obtenu ma grâce, *c'est-à-dire*, par le moyen duquel, *is per quem veniam impetravi.*

PRONOMS *me, te, se, nous, vous, le, la, les, en, y.*

I. Les pronoms, *me, te, se, nous, vous,* se mettent au même cas que gouverne le verbe ou l'adjectif auquel ils se rapportent.

Exemples.

Il m'a obéi, *c'est-à-dire*, il a obéi à moi, *mihi paruit.* Je vous ai donné un livre, *c'est-à-dire*, j'ai donné à vous, *tibi dedi librum.* Cela nous sera utile, *id nobis erit utile.* Vous me louez, *me laudas.* Vous me favorizer, *mihi faves.*

II. *Le, la, les*, se mettent toujours au cas du verbe suivant, et ils s'accordent en genre et en nombre avec le nom auquel ils se rapportent.

Exemple.

Je vous ai promis un livre, je vous le donnerai, *tibi promisi librum, hunc tibi dabo.*

Si *le* n'est pas précédé d'un nom auquel il se rapporte, on le tourne par *cela*, et on l'exprime par *hoc, id, illud.*

Exemple.

Je ne le ferai pas; *tournez*, je ne ferai pas cela, *hoc non agam.*

III. *Lui, leur,* se tournent toujours par *à lui, à elle, à eux, à elles,* et ils sont gouvernés par un verbe ou par un adjectif.

Exemples.

Vous lui direz, *tournez*, vous direz à lui, *dices ei.*

Cela leur est facile; *tournez*, est facile à eux, *id illis facile est.*

IV. *En* se tourne par *de lui, d'elle, d'eux, d'elles*, et il est gouverné ou par un nom, ou par un adjectif, ou par un verbe.

Exemples.

J'ai vu votre maison, et j'en ai admiré la beauté, *c'est-à-dire*, la beauté d'elle; *vidi tuam domum, et illius pulchritudidem miratus sum.*

Vous en êtes bien content, *illâ sanè contentus es.*

J'aime cet enfant. et j'en suis aimé, *c'est-à-dire*, je suis aimé de lui; *hunc puerum diligo et ab eo diligor.*

V. *Y* se tourne par *à lui, à elle, à eux, à elles*, et se met au cas du verbe suivant.

Exemple.

L'affaire est très-importante, j'y donnerai mes soins, *c'est-à-dire*, à elle; *res est gravissima, huic operam dabo.*

Voyez *en*, *y*, dans les adverbes de lieu.

Se.

V. 1.° On exprime Se par *sui, sibi, se*, en le mettant au cas du verbe, quand le nominatif est une chose animée, qui fait sur elle-même l'action que marque le verbe.

Exemples.

L'orgueilleux se loue: comme c'est l'orgueilleux qui se loue lui-même; dites: *superbus se laudat;* il se flatte, *sibi blanditur.*

2.° Si le pronom *se* a rapport à un nominatif de chose inanimée, ou même animée, qui ne fasse pas sur elle-même l'action marquée par le verbe, on tourne ce verbe par le passif.

Exemples.

Ce mot se trouve dans Phèdre; *tournez,* ce mot est trouvé, *vox illa invenitur apud Phœdrum.*

Il ne s'ébranle pas de vos menaces; *tournez,* il n'est pas ébranlé, *minis non movetur tuis.*

REMARQUE. Dans les trois phrases suivantes, les nominatifs sont regardés comme choses animées.

Le poison se glisse dans les veines, *venenum sese in venas insinuat.* Si l'occasion se présente, *si se dederit occasio.* Si la chose se passe ainsi, *si res ità se habeat.*

3.° Quand *se* a rapport à deux nominatifs qui font l'un sur l'autre l'action que marque le verbe, on ajoute l'adverbe *invicem* au pronom *sui, sibi, se,* à moins qu'il ne soit gouverné par une préposition.

Exemples.

Pierre et Jean se louent, *Petrus et Joannes se invicem laudant;* ils se battent, *inter se pugnant.*

Qui *interrogatif.*

Le *qui* interrogatif n'a point d'antécédent :

on le connoît quand il peut se tourner par *quelle personne ?*

Quis *vestrûm*, ou *ex vobis*, ou *inter vos ?*

I. Le *qui* interrogatif s'exprime par *quis, quæ, quod,* ou *quisnam, quænam, quodnam* et le nom pluriel qui suit, se met au génitif, ou à l'ablatif avec *è, ex,* ou à l'accusatif avec *inter.*

Exemples.

Qui de vous ? *quis vestrûm*, ou *ex vobis*, ou *inter vos ?*

Qui est content de son sort ? *quis suâ sorte contentus est ?*

Uter est doctior, *tu-ne, an frater ?*

II. *Qui des deux,* ou *lequel des deux,* s'exprime par *uter, utra, utrum,* et les deux noms qui suivent se mettent au même cas que *uter :* on met *ne* après le premier, et *an* devant le second : le superlatif français se met au comparatif en latin.

Exemple.

Lequel des deux est le plus savant, de vous, ou de votre frère ? *uter est doctior, tu-ne, an frater ?*

III. *Qui* interrogatif est tantôt le nominatif, et tantôt le régime du verbe suivant.

1.° Il est nominatif, quand on peut le tourner par *qui est celui qui... Ex.* Qui vous a appelé ? c'est-à-dire, qui est celui qui vous a... *quis te vocavit ?*

2.° Il est le régime, quand on peut le tourner par *qui est celui que... Ex.* Qui appelez-vous ? c'est-à-dire, qui est celui que vous... *quem vocas ?*

Que *interrogatif.*

Le *que* interrogatif se tourne par *quelle chose*, et il s'exprime par *quid*, lorsque le verbe suivant gouverne l'accusatif.

Exemple.

Que faites-vous ? *tournez*, quelle chose faites-vous ? *quid agis ?*

Mais si le verbe suivant gouverne un autre cas, il faut exprimer le mot *chose*.

Exemple.

Qu'étudiez-vous ? c'est-à-dire quelle chose étudiez-vous, *cui rei studes ?*

Quoi ou *que* au commencement d'une phrase se tourne par *quelle chose* et s'exprime par *quid. Ex.* Quoi de plus beau que la vertu ? *quid virtute pulchrius ?* Que sera-ce, si... *quid futurum est si ?...*

Quel, quelle.

I. *Quel, quelle*, s'expriment par *quis, quæ, quod*, ou *quisnam, quænam, quodnam*, et s'accordent avec le nom suivant, en genre, en nombre et en cas.

Exemples.

Quelle mère n'aime pas ses enfans ? *quæ* ou *quænam mater liberos suos non amat ?*

Quel avantage y a-t-il dans la vie ? *quod commodum habet vita ?* ou mieux, *quid commodi habet vita ?* (*Quel*, suivi d'un nom de chose, s'exprime mieux par *quid* avec le génitif.)

II. *Quel, quelle*, signifiant *quantième*, s'expriment par *quotus, quota, quotum*, et l'on répond par le nombre ordinal.

Exemple.

Quelle heure est-il sept heures? *quota hora est? septima.*

III. *Quel, quelle*, quand on peut ajouter le mot *grand*, s'expriment par *quantus, quanta, quantum.*

Exemple.

Quel malheur nous menace ! *c'est-à-dire*, quel grand malheur? *quanta nobis instat pernicies!*

Quis te redemit ? Jesus-Christus.

RÈGLE. La réponse se met ordinairement au même cas que la demande.

Exemples.

Qui vous a racheté? Jésus-Christ : *quis te redemit? Jesus Christus.*

Qui a pitié des paresseux? personne : *quem miseret pigrorum? neminem.*

REMARQUE. Le verbe de la demande est toujours sous-entendu dans la réponse : ainsi quand on dit : *qui vous a racheté?* et que l'on répond *Jésus-Christ*, c'est comme si l'on disoit : *Jésus-Christ vous a racheté.*

Cependant avec les impersonnels *est, refert, interest*, la réponse, quand elle se fait par un pronom, se met à un autre cas,

Exemple.

A qui importe-t-il ? à moi, *cujusnam interest ! med*. A qui appartient-il de parler à vous : *cujus est loqui ! tuum*.

OBSERVATION.

Quand on interroge sans négation, on met en latin *an* ou *nùm* devant le premier mot, ou *ne* après, et la réponse se fait par le verbe de l'interrogation.

Exemples.

Dormez-vous ? *nùm dormis ?* non, *non dormio.* (*Nùm* s'emploie, quand la réponse doit être négative.

Avez-vous vu mon frère ! *vidisti-ne fratrem meum !* oui, *vidi*.

REMARQUE. Si l'interrogation tient lieu de *lorsque*, on l'exprime par *qùem. Ex.* Avoit-il soupé, il s'en alloit; *tournez*, lorsqu'il avoit soupé il s'en alloit, *quùm cœnaverat abibat*.

Si l'interrogation se fait par deux négations, *ne je pas, ne tu pas*, etc., on met *an-non* ou *nonne* devant le premier mot.

Exemple.

N'avez-vous pas vu mon frère ! *an-non* ou *nonne vidisti fratrem meum !* non, *non vidi*.

Quand on commande, le verbe se met à l'impératif.

Exemples.

Mon fils, écoutez l'instruction de votre père; *fili mi, audi disciplinam patris tui*.

Troyens, cessez de craindre, banissez toutes vos alarmes ; *solvite metum, Teucri, secludite curas.*

Si le verbe est à la troisième personne, on emploie la troisième personne du présent du subjonctif, et l'on n'exprime pas le *que* français.

Exemple.

Qu'il s'en aille, le traître! *abeat proditor!*

Quand on défend, on met *ne* avec le subjonctif ou l'impératif; ou bien l'on se sert de *noli* ou *nolite* avec l'infinitif.

Exemple.

N'insultez pas les malheureux, *ne insultes* ou *ne insulta miseris;* ou bien *noli, nolite insultare miseris.*

On met *noli* quand la défense ne s'adresse qu'à un seul, et *nolite* quand la défense s'adresse à plusieurs.

Lorsque le verbe est à la troisième personne, on se sert toujours de *ne* avec le subjonctif.

Exemples.

Qu'il ne dise pas, *ne dicat.* Qu'il ne sorte pas de la maison, *domo ne exeat.*

SYNTAXE DES PARTICIPES.

Nous avons dit que les participes sont de véritables adjectifs, qui s'accordent en genre, en nombre et en cas avec les noms auxquels ils se rapportent : de plus, ils gouvernent le même cas que les verbes d'où ils viennent.

Participes joints aux nominatifs.

I. Le participe qui se rapporte au nominatif du verbe, s'accorde avec ce nominatif, en genre, en nombre, et en cas.

Exemple.

Exemples.

Un coq cherchant de la nourriture, trouva une perle, *gallus escam quærens, margaritam reperit.*

Cicéron devant prononcer un discours, *Cicero orationem habiturus.*

L'enfant ayant été interrogé, répondit, *puer interrogatus, respondit.*

Devant être interrogé, il craignoit, *interrogandus, timebat.*

Participes joints au régime du verbe.

II. Le participe qui se rapporte au régime du verbe, s'accorde avec ce régime, en genre, en nombre, et en cas. (Le participe se rapporte ordinairement au régime du verbe, quand ce régime est un des pronoms *le*, *la*, *les*, *lui*, *leur*).

Exemples.

La ville ayant été prise, l'ennemi la pilla : *tournez*, l'ennemi pilla la ville prise, *urbem captam hostis diripuit.*

Les citoyens devant être passés au fil de l'épée, le vainqueur leur pardonna ; *tournez*, le vainqueur pardonna aux citoyens devant être passés, *civibus ferro necandis victor pepercit.*

Ablatif absolu.

Quand le participe ne se rapporte ni au nominatif, ni au régime du verbe, on met à l'ablatif ce participe, et le nom auquel il est joint, les faisant accorder en genre et en nombre.

Exemples.

Les parts étant faites, le lion parla ainsi, (1) *partibus factis, sic locutus est leo.*

La lettre étant déjà écrite, votre esclave est venu, *scriptâ jàm epistolâ, venit puer tuus.*

---

(1) On sous-entend une préposition, *à partibus factis*, après les parts faites,

G

SYNTAXE DES PRÉPOSITIONS.

Il y a trente prépositions qui gouvernent l'accusatif; Savoir:

Ad, *auprès, chez, pour.*
Adversùm, adversùs, *contre, vis-à-vis.*
Antè, *devant, avant.*
Apud, *auprès, chez.*
Circà, *auprès, environ.*
Circiter, *environ, à peu-près.*
Circum, *autour, à l'entour.*
Cis, citrà, *deçà, en-deçà.*
Contrà, *contre, vis-à-vis, à l'opposite.*
Erga, *envers, à l'égard de.*
Extrà, *hors, outre, excepté.*
Infrà, *sous, au-dessous.*
Inter, *entre, parmi.*
Intra, *dans, au dedans, dans l'espace de.*
Juxtà, *auprès, proche.*

Ob, *pour, devant, à cause de.*
Propè, *proche, près de, auprès.*
Penes, *en la puissance de.*
Per, *par, durant, au travers de, pendant.*
Pone, *après, derrière; par derrière.*
Post, *après, depuis.*
Præter, *excepté, hormis, outre.*
Propter, *pour, à cause de.*
Secundùm, *selon, suivant, auprès de, le long de.*
Secùs, *auprès, le long de.*
Suprà, *sur, au-dessus de.*
Trans, *au delà, par delà.*
Versùs, *vers, du côté de.*
Ultrà, *au delà, par delà.*
Usquè, *jusqu'à.*

Il y a douze prépositions qui gouvernent l'ablatif; ce sont :

A, ab, abs, *de, du, des, depuis, par.*
Absque, sine, *sans.*
Clam, *à l'insçu de.*
Coram, *devant, en présence de.*
Cum, *avec.*
De, *de, sur ou touchant.*

E, ex, *de, par.*
Palam, *devant, en présence de.*
Præ, *devant, en comparaison de, au-dessus de.*
Pro, *pour, au lieu de, selon, devant.*
Tenùs, *jusqu'à.*

Les quatre prépositions suivantes veulent l'accusatif, quand elles sont jointes à un verbe de mouvement, et elles gouvernent l'ablatif, quand elles sont jointes à un verbe de repos.

In, *en, dans, sur.*
Subter, *sous, au dessous de.*

Sub, *sous, au-dessous de.*
Super, *sur, au-dessus de.*

OBSERVATION.

Trois prépositions se mettent après leur régime, savoir :

1.° Cum, *avec,* se met après les pronoms *ego, tu, sui, nos, vos,* et *qui, quæ, quod.* Ainsi, on dit: me-cum, *avec moi,* tecum, *avec vous,* secum, quocum.

2.º *Tenùs*, *jusqu'à*, veut l'ablatif, lorsque son régime est singulier: *capulo tenùs*, *jusqu'à la garde;* mais il veut le génitif quand son régime est pluriel: *aurium tenùs*, *jusqu'aux oreilles*.

3.º *Versùs*, vers, *Orientem versùs*, *vers l'Orient:* on sous-entend *ad*.

On sous-entend quelquefois les prépositions, quoiqu'elles soient toujours la cause du régime: nous indiquerons en notes les prépositions sous-entendues.

Noms de matière.

V as *ex auro*.

I. Le nom qui exprime la matière dont une chose est faite, se met à l'ablatif avec *è* ou *ex*.

Exemples.

Un vase d'or, *vas ex auro*.
Une statue d'airain, *signum ex œre*.
On peut aussi du nom de matière faire un adjectif qui s'accorde avec le nom. Ex. Un vase d'or, *vas aureum;* une statue d'airain, *signum œneum*.

Noms de mesure, de distance et d'espáce.

II. Velum longum *tres ulnas*, ou *tribus ulnis*.

Le nom qui marque la mesure ou la distance, se met à l'accusatif ou à l'ablatif sans préposition.

Exemples.

Un voile long de trois aunes, *velum longum* (1) *tres ulnas*, ou (2) *tribus ulnis*.

Il est éloigné de vingt pas, *abest* ou *distat viginti passus*, ou *viginti passibus*.

Si le nom de mesure est précédé d'un comparatif, il se met toujours à l'ablatif.

Exemples.

Vous n'êtes pas plus grand que moi de deux doigts, *duobus digitis major me non es*.

Le lieu précis où une chose est arrivée se met à l'ablatif sans préposition, ou à l'accusatif avec *ad*, et alors on se sert du nombre ordinal, *primus, secundus, tertius*, etc.

(1) *Ad.* (2) *Ex.*

Exemple.

Il est tombé à dix pas d'ici, *cecidit decimo abhinc passu*, ou *ad decimum abhinc passum*.

Noms de l'instrument, de la cause, de la manière, etc.

III. Le nom de l'instrument dont on se sert pour faire quelque chose, la cause pourquoi elle se fait, la manière dont elle se fait, et le nom de la partie, se mettent à l'ablatif sans préposition. *Exemples :*

Du nom d'instrument.

Frapper de l'épée *ou* avec l'épée, *ferire* (1) *gladio*.

Du nom de cause.

Il mourut de faim, (2) *fame interiit*.

Du nom de manière.

Vous l'emportez en beauté, en grandeur, *vincis formâ, vincis magnitudine*.

Du nom de la partie.

Je tiens le loup par les oreilles, *teneo lupum auribus*.

Nom du prix, de la valeur.

Hic liber constat *viginti assibus*.

IV. Le nom qui marque le prix, la valeur de quelque chose, se met à l'ablatif sans préposition. *Exemple :*

Ce livre coute vingt sous, (3) *hic liber constat viginti assibus*.

Nom de temps.

Veniet *die dominicâ*.

V. 1.° Si l'on veut marquer quand une chose s'est faite ou se fera, *quandò*, le nom de temps, se met à l'ablatif sans préposition.

Exemples.

Il viendra dimanche, *veniet die* (4) *dominicâ*; le mois prochain, *mense proximo*; à trois heures, *horâ tertiâ*. (A la question *quandò*, l'on se sert du nombre ordinal).

Regnavit *tres annos* ou *tribus annis*.

2.° Quand on veut marquer combien de temps une chose a duré ou durera, *quamdiù*, le nom de temps se

(1) *Cum.* (2) *Præ.* (3) *Pro.* (4) *In.*

met à l'accusatif ou à l'ablatif sans préposition, et l'on se sert du nombre cardinal.

Exemple.

Il a régné trois ans, *regnavit* (1) *tres annos* ou (2) *tribus annis.*

Tertium annum regnat.

3.° Quand on veut marquer depuis quel temps une chose se fait, *à quo tempore*, le nom de temps, se met à l'accusatif, et l'on se sert du nombre ordinal ou cardinal.

Exemples.

Il y a trois ans qu'il règne, *tertium annum regnat.* Cic. On dit aussi *à tribus annis.*

Il y a plusieurs années que je suis lié avec votre père, *multos annos utor familiariter patre tuo.*

Si le temps est passé et qu'il ne dure plus, on met le nom de temps à l'accusatif, ou à l'ablatif avec *abhinc*, et l'on se sert du nombre cardinal.

Exemple.

Il y a trois ans qu'il est mort, (3) *tribus abhinc annis*, ou (4) *tres abhinc annos mortuus est.*

Deus creavit mundum *intrà sex dies.*

Quand on veut marquer en quel espace de temps une chose s'est faite ou se fera, *quanto tempore*, le nom de temps se met à l'accusatif avec *intrà.*

Exemple.

Dieu a créé le monde en six jours, *Deus creavit mundum intrà sex dies.*

Dans, suivi d'un nom de temps, s'exprime par *post* avec l'accusatif, quand il peut se tourner par *après.*

Exemple.

Je partirai dans trois jours, c'est-à-dire, après trois jours, *post tres dies proficiscar.*

Noms de lieu.

Il y a quatre questions de lieu; *ubi*, où l'on est; *quò*, où l'on va; *undè*, d'où l'on vient; *quà*, par où l'on passe.

(1) *Per.* (2) *In.* (3) *à* (4) *Antè.*

Question UBI.

I. Quand on marque le lieu où l'on est, où l'on fait quelque chose, c'est la question *ubi*.

Sum *in Galliá, in urbe.*

1.° A la question *ubi*, le nom de lieu se met à l'ablatif avec *in*.

Exemples.

Je suis en France, *sum in Galliá;* dans la ville, *in urbe.*

Il se promène dans le jardin, *ambulat in horto.* (On met *horto* à l'ablatif, parce qu'il ne sort pas du lieu).

Natus est *Avenione, Athenis.*

2.° On sous-entend la préposition, quand c'est un nom propre de ville.

Exemples.

Il est né à Avignon, *natus est Avenione;* à Athènes, *Athenis.*

Habitat *Lugduni, Romæ.*

3.° Si le nom propre de ville est au singulier, et de la première ou de la seconde déclinaison, on le met au génitif, parce qu'on sous-entend *in urbe.*

Exemples.

Il demeure à Lyon, *habitat Lugduni;* à Rome, *Romæ.*

Les noms *domus, humus,* se mettent aussi au génitif, *domi, humi....* Est-il à la maison? *Est-ne domi?* (On dit aussi *militiæ, belli,* en temps de guerre, sous-entendu *tempore*).

Cœnabam *apud patrem.*

4.° Le nom de la personne se met à l'accusatif avec *apud.*

Exemple.

Je soupois chez mon père, *cœnabam apud patrem.*

Question QUO.

II. La question *quò* se connoît, lorsque le verbe signifie mouvement pour aller, venir en quelque lieu, partir pour quelque lieu.

Eo *in Galliam, in urbem.*

1.º A la question *quò*, le nom du lieu où l'on va..... se met à l'accusatif avec *in*, quand on entre dans le lieu, et avec *ad* quand on ne va qu'auprès.

Je vais en France, *eo in Galliam;* à la ville, *in urbem.*

Ils vinrent au même ruisseau, *venerunt ad eumdem rivum.*

Ibo *Lutetiam, Lugdunum.*

2.º On sous-entend la préposition, quand c'est un nom propre de ville, et devant *rus, domum.*

Exemples.

J'irai à Paris, *ibo Lutetiam;* à Lyon, *Lugdunum.*

Je vais à la campagne, *eo rus;* à la maison, *eo domum.*

Si l'on se sert du verbe *petere* pour exprimer *aller*, on met toujours le nom de lieu à l'accusatif sans préposition: Je vais au collége, *peto collegium.*

Eo *ad patrem, ad sacram concionem.*

3.º Le nom de la personne et celui de la chose, se mettent à l'accusatif avec *ad.*

Exemples.

Je vais chez mon père, *eo ad patrem;* au sermon, *ad sacram concionem.*

Question UNDÈ.

III. La question *undè* se connoît lorsque le verbe signifie mouvement pour partir ou venir de quelque lieu.

Redeo *ex Galliá, ex urbe.*

1.º A la question *undè*, le nom du lieu d'où l'on part, d'où l'on vient, se met à l'ablatif avec *è* ou *ex.*

Je reviens de la France, *redeo ex Galliá;* de la ville, *ex urbe.*

Il est sorti de sa chambre, *egressus est è cubiculo.*

Redeo *Lugduno, Romá.*

2.º On sous-entend la préposition, quand c'est un nom propre de ville, et devant *rure, domo.*

Exemples

Je reviens de Lyon, *redeo Lugduno;* de Rome, *Romá;* de la campagne *rure;* de la maison, *domo.*

Venio *à patre, à venatione.*

3.° Le nom de la personne et celui de la chose, se mettent à l'ablatif avec *à* ou *ab.*

Exemples.

Je viens de chez mon père, *venio à patre;* de la chasse, *à venatione.*

Question *QUA.*

IV. Quand on marque le lieu par où l'on passe, c'est la question *quà.*

Iter feci per *Galliam, per Lugdunum.*

1.° A la question *quà*, tous les noms des lieux par où l'on passe, se mettent à l'accusatif avec *per.*

Exemples.

J'ai passé par la France, *iter feci per Galliam;* par Lyon, *per Lugdunum.*

Quand on se sert de *transire*, verbe composé de *ire*, aller, et *trans*, au delà, on met l'accusatif sans la préposition *per;* il passa par la ville, *transiit urbem.*

Iter faciam *per domum avunculi mei.*

2.° Par chez, avec un nom de personne, se tourne ainsi : par la maison de, et se dit en latin *per domum.*

Exemple.

Je passerai par chez mon oncle, *iter faciam per domum avunculi mei.*

Remarque. Quand, après un nom propre de ville se trouve le nom commun, *ville, endroit*, on met d'abord le nom propre au cas marqué dans chaque question, mais on exprime la question devant le nom commun. *Exemples.*

Ils s'arrêtèrent à Corinthe, lieu célèbre, *constiterunt Corinthi, in loco nobili.*

Je vais à Rome, ville d'Italie, *eo Romam, in urbem Italiæ.*

Je reviens de Lyon, ville de France, *redeo Lugduno, ex urbe Galliæ.*

Si le nom commun *ville*, est devant le nom propre, il faut exprimer la préposition, et mettre le nom propre au cas de la préposition.

de Lhomond.

Exemple.

Il demeure dans la ville de Lyon, *habitat in urbe Lugduno.*

3.º Les noms *domus* et *rus*, suivis d'un génitif ou d'un adjectif, prennent la préposition. *Ex.* Il demeure dans la maison de César, dans une campagne agréable, *habitat in domo Cæsaris, in rure amœno.*

ADVERBES DE LIEU.

Question Ubi.	Question Quò.	Question Undè.	Question Quà.
Où, *ubi.*	Où, *quò.*	D'où, *undè.*	Par où, *quà.*
Ici où je suis, *hic.*	Ici où je suis, *huc.*	D'ici où je suis, *hinc.*	Par ici où je suis, *hàc.*
Là où tu es, *istic.*	Là où tu es, *istuc.*	De là où tu es, *istinc.*	Par là où tu es, *istàc.*
Là où il est, *illic.*	Là où il est, *illuc.*	De là où il est, *illinc.*	Par là où il est, *illàc.*
à, y, *ibi.*	Là, y, *eò.*	De là, en, *indè.*	Par là, y, *ea.*
Ailleurs, *alibi.*	Ailleurs, *aliò.*	De quelque part, *alicundè.*	Par quelqu'endroit, *aliquà.*
Quelque part, *alicubi, uspiàm.*	Quelque part, *quopiàm.*	De quelqu'endroit que ce soit, *undècumque.*	Par quelqu'endroit que ce soit, *quàcumque.*
Par-tout où, en quelque lieu que ce soit, *ubicumque.*	Par-tout où, en quelque lieu que ce soit, *quòcumque.*		
à même, *ibidem.*	Là même, *eodem.*	Du même lieu, *indidem.*	Par le même lieu, *eadem.*
Nulle part, *nusquàm.*	Nulle part, *nusquàm.*		
Dehors, *foris.*	Dehors, *foras.*		
Dedans, *intùs.*	Dedans, *intrò.*		

SYNTAXE DES ADVERBES.

Régime.

Les adverbes de quantité gouvernent le génitif.

Exemples.

Peu de vin, *parùm vini.*
Beaucoup d'eau, *multùm aquæ.*
Plus de force, *plus virium.*

G 5

Moins de vertu, *minus virtutis.*
Assez de paroles, *satis verborum.*
Trop de pièges, *nimis insidiarum.*
Les adverbes de temps et de lieu gouvernent le génitif.

Exemples.

En quel lieu du monde ? *ubi terrarum ?*
Nul part, en aucun lieu du monde, *nusquàm gentium.*

Pridiè, la veille ; *postridiè*, le lendemain, veulent le génitif ou l'accusatif.

Exemples.

Le jour de devant les calendes, *pridiè calendarum* ou *calendas.* (On sous-entend *antè*).
Le jour d'après les ides, *postridiè iduum* ou *idus* (sous-entendu *post*).

En, eccè, voici, voilà, veulent après eux le nominatif ou l'accusatif : voici, voilà le loup, *en, eccè lupus* (sous-entendu *adest*); *en, eccè lupum* (sous-entendu *aspice*).

Ergò, employé pour *causâ*, veut le génitif et se met après son régime ; à cause de lui ou pour l'amour de lui, *illius ergò.*

Instar, comme, veut le génitif, et se met après son régime ; comme une montagne, *montis instar.*

Obviàm, au devant, veut le datif ; aller au devant de quelqu'un, *ire obviàm alicui.*

SYNTAXE DES CONJONCTIONS.

Régime.

Parmi les conjonctions, les unes gouvernent le subjonctif, les autres gouvernent l'indicatif.

Quùm signifiant *lorsque*, ne veut le subjonctif que devant l'imparfait.

Exemple.

Lorsque la ville d'Athènes florissoit, *quùm Athenæ florerent.*

Quùm signifiant *puisque, vu que, comme*, régit toujours le subjonctif.

Exemples.

Puisque vous le voulez, *quùm id velis.*
Puisque vous l'avez voulu, *quùm id volueris.*
Dùm, signifiant *tandis que*, ne veut le subjonctif que devant l'imparfait.

Exemple.

Tandis qu'un chien portoit de la chair, *dùm canis ferret carnem.*
Dùm signifiant *pourvu que, jusqu'à ce que*, veut toujours le subjonctif.

Exemple.

Pourvu que je porte mon bât, *clitellas dùm portem meas.*
Si, régit le subjonctif devant l'imparfait et le plus-que-parfait.

Exemple.

Si tu le faisois, si tu l'avois fait à cause de moi, *id si faceres, si fecisses causâ meâ.*
REMARQUE. Quand après *si*, il y a un second verbe au futur, on met bien le premier verbe au même futur.

Exemples.

Si vous venez, vous me ferez plaisir ; *si veneris, pergratum mihi feceris.*
Si vous lisez ce livre, j'en serai charmé ; *quem librum si leges, lætabor.*
Ut, signifiant *afin que, pour*, gouverne toujours le subjonctif. *Ex.* Afin que je repose pendant le jour, *luce ut quiescam.*
Ut, signifiant *comme, de même que*, veut l'indicatif. *Ex.* Comme l'on dit, *ut aiunt.*
Ut, signifiant *aussitôt que, dès que*, veut l'indicatif. *Ex.* Dès que je fus sorti de la ville, *ut ab urbe discessi.*

TROISIÈME PARTIE.

Méthode ou Manière de rendre en latin les *Gallicismes* les plus fréquens.

CHAPITRE PREMIER.

DES VERBES.

Verbes à l'indicatif ou au subjonctif en français, qu'il faut tourner par l'infinitif en latin, ou

QUE *retranché.*

ON appelle *que retranché*, celui qui, étant entre deux verbes français, ne peut pas se tourner par *lequel, laquelle,* et se *retranche,* c'est-à-dire, ne s'exprime point en latin.

RÈGLE. Après les verbes *croire, savoir, assurer, être persuadé, prétendre, promettre, espérer,* etc., on n'exprime pas *que*, mais on met à l'accusatif le nom ou pronom qui suit, et le second verbe à l'infinitif latin.

Exemple.

Je crois que vous pleurez; *tournez*, je crois vous pleurer, *credo te flere.*

Quand le *que* retranché e t suivi d'une phrase *incidente*, ce n'est pas le verbe de la phrase incidente qui se met à l'infinitif, mais c'est l'autre verbe qui est ordinairement le dernier. *Ex.* Soyez persuadé qu'un enfant (qui honore ses parens) sera aimé Dieu : *persuasum habeto puerum (qui parentes veretur) à Deo amatum iri.* (On appelle *phrase incidente,* celle qui est jointe à une aut e par un de ces mots, *qui, pour, si,* etc.).

A quel temps de l'infinitif latin faut-il mettre le verbe français qui suit le *que* retranché?

RÈGLE GÉNÉRALE.

Comparez les temps que marquent les deux verbes.

1.º Si les deux actions exprimées par les deux verbes, se font ou ont été faites dans le même temps, mettez le second verbe français au présent de l'infinitif latin.

2.º Si l'action du second verbe étoit déjà faite dans

le temps que marque le premier verbe, mettez le parfait de l'infinitif.

3.º Si l'action du second verbe était encore à faire dans le temps du premier verbe, mettez le futur de l'infinitif.

RÈGLES PARTICULIÈRES.

Temps du verbe français qu'il faut mettre au présent de l'infinitif latin.

I. 1.º Mettez au présent de l'infinitif le présent de l'indicatif français.

Exemple.

Je crois qu'il lit, *credo illum legere.*

2.º Mettez au présent de l'infinitif l'imparfait de l'indicatif, quand le premier verbe est à l'un des trois parfaits.

Exemples.

Je croyois, j'ai cru, j'avois cru qu'il lisoit, *credebam, credidi, credideram illum legere.*

Si cependant le second verbe marque un temps plus ancien que le premier, mettez ce second verbe au parfait de l'infinitif latin. *Ex.* Je vous ai dit que Phèdre étoit esclave, *tibi dixi Phædrum fuisse servum.*

3.º Mettez encore au présent de l'infinitif le présent du subjonctif, quand on peut le tourner par le présent de l'indicatif, en transportant la négation du premier verbe au second.

Exemple.

Je ne crois pas qu'il lise; *on peut tourner*, je crois qu'il ne lit pas, *non credo illum legere.*

Après un que *retranché, mettez au parfait de l'infinitif latin les trois temps suivans.*

II. 1.º Le parfait et le plusque-parfait de l'indicatif français.

Exemple.

Je crois qu'il a lu, qu'il avoit lu, *credo illum legisse.*

2.º L'imparfait de l'indicatif, quand le premier verbe est au présent ou au futur.

Exemple.

Je crois, je croirai qu'il lisoit, *credo, credam illum legisse.*

3.º Le futur passé et le parfait du subjonctif, quand on peut les tourner par le parfait de l'indicatif.

Exemples.

Je crois qu'il aura déjà dîné; *tournez*, je crois qu'il a déjà dîné, *credo illum jam prandisse.*

Je ne crois pas qu'il ait encore dîné; *tournez*, je crois qu'il n'a pas encore dîné, *non credo illum jam prandisse.*

Après un que retranché, mettez au futur de l'infinitif latin les trois temps suivans.

III. 1.º Le futur simple de l'indicatif français.

Exemple.

Je crois qu'il viendra demain, *credo illum cras venturum esse.*

2.º Le présent du subjonctif, quand on peut le tourner par le futur de l'indicatif, en transportant la négation du premier verbe au second.

Exemple.

Je ne crois pas qu'il vienne demain; *on peut tourner,* je crois qu'il ne viendra pas demain, *non credo illum cras venturum esse.*

3.º L'imparfait du subjonctif terminé en *rois*, (autrement le conditionnel présent).

Exemple.

Je croyois qu'il viendroit demain, *putabam eum cras venturum esse.*

Après un que retranché, mettez au futur passé de l'indicatif latin :

IV. Le plusque-parfait du subjonctif français, autrement le conditionnel passé.

Exemple.

Je crois qu'il seroit venu, si.... *credo illum venturum fuisse, si....*

Cependant, s'il peut se tourner par le plusque-parfait de l'indicatif, mettez-le au parfait de l'infinitif. *Ex.* Je ne savois pas que vous fussiez arrivé; *tournez,* que vous étiez arrivé, *nesciebam te advenisse.*

REMARQUE. L'imparfait du subjonctif terminé en *asse, insse, isse, usse*, se tourne quelquefois par l'imparfait de l'indicatif, et alors il en suit la règle.

Exemples.

Je ne croyois pas, je n'ai pas cru, je n'avois pas cru que vous fussiez malade, *tournez*, que vous étiez..... *non credebam, non credidi, non credideram, te ægrotare.* (Je mets le présent *ægrotare*, parce que le premier verbe est à l'un des trois parfaits).

Je ne crois pas, je ne croirai pas que vous fussiez malade; *tournez*, que vous étiez, *non credo, non credam te ægrotavisse.* (Je mets le parfait de l'infinitif, parce que le premier verbe est au présent ou au futur).

Quelquefois l'imparfait en *asse, isse....* se tourne par le futur de l'indicatif, et alors il suit la règle du futur.

Exemple.

Si je croyois que vous vinssiez bientôt, je vous attendrois; *tournez*, que vous viendrez, *si putarem te brevi venturum esse, te expectarem.*

PREMIÈRE OBSERVATION.

Lorsqu'après un *que retranché*, on doit mettre le verbe à l'un des deux futurs de l'infinitif, et que le verbe latin n'en a point:

1.º Exprimez le futur de l'indicatif et le présent du subjonctif français par *fore ut* ou *futurum esse ut*, avec le présent du subjonctif latin.

Exemple.

Je crois que vous vous repentirez, *credo fore ut te pœniteat.*

2.º Exprimez le conditionnel présent par *fore ut*, avec l'imparfait du subjonctif latin.

Exemple.

Je croyois que vous vous repentiriez, *credebam fore ut te pœniteret.*

3.º Exprimez le conditionnel passé par *futurum fuisse ut*, avec l'imparfait du subjonctif latin.

Exemple.

Je croyois que vous vous seriez repenti, *credebam futurum fuisse ut te pœniteret.*

On se sert encore de *fore ut*, avec le parfait du subjonctif, pour exprimer le futur passé, et le parfait du subjonctif, quand ils marquent l'avenir.

Exemples.

Vous croyez qu'il aura bientôt terminé cette affaire, *credis fore ut brevi illud negotium confecerit.*

Je ne crois pas qu'il ait sitôt terminé cette affaire, *non credo fore ut tàm citò illud negotium confecerit.*

SECONDE OBSERVATION.

Quand les verbes *croire, espérer, promettre, menacer, se souvenir*, etc. sont suivis d'un infinitif français, tournez la phrase de manière qu'il y ait un *que* entre les deux verbes, et alors vous suivrez la règle du *que* retranché.

Exemples.

Je crois avoir lu ; *tournez,* que j'ai lu, *credo me legisse.*

Vous croyez être heureux ; *tournez,* que vous êtes heureux, *credis te esse beatum.*

Il espère partir bientôt ; *tournez,* qu'il partira bientôt, *sperat se brevi profecturum.*

Je me souviens d'avoir lu ; *tournez,* que j'ai lu, *memini me legere.* (Après *memini* on met mieux le présent que le parfait de l'infinitif).

Verbes *après lesquels le* que *ou de français se rend en latin par plusieurs conjonctions.*

Conseiller de, *suadere ut.*
Conseiller de ne pas, *suadere ne.*

Règle. Après les verbes *conseiller, persuader, souhaiter, faire en sorte, commander, prier, avoir soin, il faut, il est juste, il est nécessaire, il arrive, il importe,* etc. le *de* ou *que* s'exprime par *ut* avec le subjonctif, et s'il suit une négation, par *ne* ou *ut ne*.

Exemples.

Je vous conseille de lire ; *tournez,* que vous lisiez, *suadeo tibi ut legas;* de ne pas jouer, *ne ludas.*

Ayez soin de vous bien porter, *cura ut valeas;* de ne pas tomber malade, *ne in morbum incidas.*

Après *curare*, avoir soin, on met élégamment le participe du futur en *dus, da, dum,* si le verbe a un régime avec lequel on puisse le faire accorder. Ex. Il a eu soin de me faire tenir la lettre, *litteras ad me perferendas curavit.*

Après *oportet, volo, nolo, malo*, on met élégamment le participe passé en *us, a, um*. Je veux vous avertir d'une chose, *unum te monitum volo*.

Dites-lui, avertissez-le de prendre garde à lui; *tournez*, qu'il prenne garde.... *dic illi, mone illum ut sibi caveat*.

REMARQUE. Après *dire, avertir, persuader, écrire*, le *que* se retranche, quand il ne peut pas se tourner par *de*.

Exemples.

Dites-lui, avertissez-le que je suis arrivé, *dic illi, mone illum me advenisse*. (De même après *jubere*, commander, le *que* se retranche presque toujours, et le verbe suivant se met au présent de l'indicatif).

IL N'IMPORTE pas que... ou que... *nihil... refert utrùm... an...*

RÈGLE. Quand après *il n'importe pas, il importe peu, qu'importe*, il y a deux *que* ou deux *de*, on les tourne par *si*, et on exprime le premier par *utrùm*, et le second par *an*, avec le subjonctif.

Exemple.

Il n'importe pas, que m'importe d'être riche ou pauvre? *tournez*, si je suis riche.... *nihil meâ refert, quid meâ refert utrùm dives sim an pauper?* (Au lieu d'*utrùm* on peut mettre *ne* après le premier mot, *divesne sim an pauper?*)

Après se mettre peu en peine, *parùm curare*, les deux *que* s'expriment aussi par *utrùm, an*; et si à la place du second *que*, il y a ces mots *ou non*, on les exprime par *an-non* ou *nec-ne*.

Exemple.

Je me mets peu en peine que vous m'écoutiez ou non, *parùm curo utrùm me audias nec-ne*.

OBSERVATION.

A quel temps du subjonctif latin faut-il mettre l'infinitif français qui suit *de* exprimé *par ut, ne, an, utrùm, quin?*

I. RÈGLE. Si le premier verbe est au présent ou au futur, on met, en latin, le second au présent du subjonctif, et le régime du premier verbe devient le nominatif du second.

Exemples.

Je vous conseille } de lire. *Tibi suadeo* } *ut legas.*

Je vous conseillerai } *Tibi suadebo* }

II. Regle. Mais si le premier verbe est à l'un des trois parfaits, on met le second à l'imparfait du subjonctif.

Exemples.

Je vous conseillois } de lire. *Tibi suadebam* } *ut legeres*
Je vous ai conseillé } *Tibi suasi* }
Je vous avois conseillé } *Tibi suaseram* }

Craindre de, *ou que ne... timere ne.*

Craindre de ne pas, *ou que ne pas... timere ut,* ou *ne non.*

Règle. Après *craindre, appréhender, avoir peur,* etc., *de* ou *que* suivi de *ne* seulement, s'exprime par *ne* avec le subjonctif.

Exemple.

Je crains que le maître ne vienne, *timeo ne præceptor veniat.*

Mais après ces verbes, *que* ou *de* suivis de *ne pas* ou *ne point*, s'exprime par *ut* ou *ne non.*

Exemple.

Je crains que le maître ne vienne pas, *timeo ut præceptor veniat,* ou *ne non præceptor veniat.*

Quand le verbe *craindre* signifie *faire difficulté,* on l'exprime par *dubitare,* avec l'infinitif; et s il signifie *ne pas oser,* on l'exprime par *non audere. Ex.* il ne craint pas d'avouer; *tournez,* il ne fait pas difficulté d'avouer, *fateri non dubitat:* je crains de dire, *tournez,* je n'ose dire, *non audeo dicere.*

Prendre garde de *ou* que ne, *cavere ne.*

Règle. Après les verbes *prendre garde, dissuader, de* ou *que ne* s'exprime par *ne,* avec le subjonctif.

Exemple.

Prenez garde de tomber, *ou* que vous ne tombiez, *cave ne cadas.*

Dissuadez-le de partir, *illi dissuade ne proficiscatur.*

Prendre garde, signifiant *avoir soin, faire en sorte,* s'exprime par *curare, dare operam,* et *que* par *ut* avec le subjonctif.

Exemple.

Prenez garde que tout soit prêt, c'est-à-dire, ayez soin que.... *da operam ut omnia sint parata.*

Si *prendre garde* signifie remarquer, on l'exprime par *animadvertere* et le *que* se retranche. *Ex.* Il ne prend pas garde qu'on se moque de lui ; c'est-à-dire, il ne remarque pas, *non animadvertit se derideri.*

N'AVOIR GARDE de..... se garder bien de..... *non committere ut.*

RÈGLE. Après *se garder bien de.... n'avoir garde de,* on exprime *de* par *ut,* avec le subjonctif.

Exemple.

Je me garderai bien de vous quitter, *non committam ut à te discedam.*

MÉRITER, être digne de ou que... *dignum esse ut.*

RÈGLE. Après *mériter, être digne,* de ou *que* s'exprime par *ut* avec le subjonctif.

Exemples.

Il mérite de commander ; tournez, qu'il commande ; *dignus est ut imperet ;* on dit mieux, *dignus est qui imperet. (Qui* tient lieu de *ut ille).*

Il mérite que j'aie pitié de lui, *dignus est ut illius me misereat,* ou *cujus me misereat. (Cujus* tient lieu de *ut illius).*

Vous méritez qu'il vous favorise, *dignus es ut tibi faveat,* ou *cui faveat. (Cui* tient lieu de *ut tibi).*

Il mérite que je l'honore, *dignus est ut eum colam,* ou *quem colam. (Quem* tient lieu de *ut eum).*

Vous méritez qu'il vous rende service, *dignus es ut de te benè mereatur,* ou *de quo benè mereatur. (De quo* tient lieu de *ut de te).*

REMARQUE. *Qui, quæ, quod,* est employé pour *ut* et un pronom, et il se met au cas où l'on mettroit le pronom ; ainsi, quand après *mériter,* il n'y a point de pronom qui se rapporte au nominatif du verbe *mériter*, on ne peut pas employer *qui, quæ, quod*; mais il faut se servir de *ut*. *Ex.* Vous méritez bien que j'agisse ainsi, *dignus sanè es ut sic agam*, et non pas *qui sic agam*.

EMPÊCHER, défendre de *ou* que ne, *prohibere ne*.

Ne pas empêcher, ne pas défendre de *ou* que, *non prohibere quin, quominùs*.

Ire RÈGLE. Après les verbes *empêcher*, *défendre*, quand ils ne sont pas accompagnés d'une négation ou d'une interrogation, *de* ou *que ne* s'exprime par *ne* avec le subjonctif, et le régime de la personne sert de nominatif au second verbe.

Exemples.

Dieu nous défend de mentir ; *tournez*, défend que nous ne mentions, *Deus prohibet ne mentiamur*.

Cela m'a empêché de partir, *id impedivit ne proficiscerer*.

II. RÈGLE. Mais quand il y a une négation ou une interrogation jointe aux verbes *empêcher*, *défendre*, etc., *de* ou *que ne* s'exprime par *quin* ou *quominùs*.

Exemple.

Je ne vous empêche pas, qui vous empêche de partir ? *tournez*, je n'empêche pas, ou qui empêche que vous ne partiez ? *non impedio, quis impedit quin profisciscaris ?*

Après *il ne tient pas à moi, à quoi tient-il ?* que ne s'exprime aussi par *quin*, avec le subjonctif.

Exemple.

Il ne tient pas à moi que vous ne soyez heureux, *per me non stat quin sis beatus*.

Dans cette cette façon de parler, *je ne puis, je ne saurois m'empêcher, me défendre*, les verbes *s'empêcher*, *se défendre* se tournent par *ne pas*, qu'on exprime par *non* avec l'infinitif. *Ex.* Je ne puis m'empêcher de parler; *tournez*, je ne puis ne pas parler, *non possum non loqui* : je ne puis m'empêcher de rire, *tournez*, je ne puis ne pas rire, *non possum non ridere*.

SE RÉJOUIR de... ou que... *gaudere quòd*.

RÈGLE. Après *se réjouir, se repentir, être fâché, avoir honte, s'étonner, être surpris, remercier, sa-*

voir bon gré, etc., *de* ou *que* se tourne par *de ce que*, et s'exprime par *quòd*, avec le subjonctif ou l'indicatif.
Exemples.
Je me réjouis de vous avoir été utile; *tournez, de ce que je vous ai été utile; gaudeo quòd tibi profuerim.*

J'ai honte de ne vous avoir pas encore répondu, *me pudet quòd ad te nondùm rescripserim.*

REMARQUE. Après ces verbes, on peut encore retrancher le *que: gaudeo me tibi profuisse.*

ATTENDRE que, *expectare dùm* ou *donec.*

RÈGLE. Après *attendre, que* se tourne par *jusqu'à ce que*, et s'exprime par *dùm* ou *donec* avec le subjonctif.
Exemple.
Attendez que mon fils soit arrivé, *expecta dùm* ou *donec filius meus advenerit.*

Ne confondez pas *s'attendre* avec *a'tendre.* Après *s'attendre*, en latin *existimare, persuasum habere*, on retranche le *que*, et l'on met toujours le verbe suivant au futur de l'infinitif. *Ex.* Je m'attendois que vous m'écririez, *te ad me scripturum esse existimabam.*

Quand *s'attendre* signifie prévoir, il s'exprime par *prævidere*, et l'on retranche le *que. Ex.* Je m'étois bien attendu qu'il en seroit ainsi, *ità futurum sanè præv ideram.*

Cela est cause que, *ea causa est cur.*

RÈGLE. Après *être cause, que* s'exprime par *cur* avec le subjonctif.
Exemple.
La maladie a été cause que je n'ai pas été vous voir, *morbus causa fuit cur te non inviserim.*

DOUTER que, *dubitare an.*

Ne pas douter que, *non dubitare quin.*

I.re RÈGLE. Quand le verbe douter n'est accompagné ni d'une négation, ni d'une interrogation, on tourne *que* par *si*, et on l'exprime par *an*, avec le subjonctif.

Je doute qu'il se porte bien; *tournez, s'il se porte bien, dubito an valeat.*

II. RÈGLE. Mais quand le verbe douter est accompagné d'une négation ou d'une interrogation, on exprime *que* par *quin*. (*Quin* renferme le *ne* français suivant).

Exemples.

Je ne doute pas qu'il ne se porte bien, *non dubito quin valeat.*

Qui doute que la vertu ne soit aimable ? *quis dubitat quin virtus sit amabilis ?*

Ne confondez pas *se douter* avec *douter*: après se douter, *suspicari, prævidere*, on retranche le *que. Ex.* Je me doutois bien, je soupçonnois que l'affaire iroit mal, *suspicabar rem malè cessuram.*

Verbes *à l'indicatif dans le français qu'il faut mettre au subjonctif en latin.*

Vous ne savez pas qui je suis, *en latin*, qui je sois.

I. **Règle.** *Qui* ou *quel* entre deux verbes quand il marque interrogation ou doute, veut le second au subjonctif en latin.

Exemples.

Vous ne savez pas qui je suis, *nescis quis ego sim.*

Dites-moi quelle heure il est, *dic mihi quota hora sit.*

Je ne sais lequel des deux a été le plus éloquent, *nescio uter fuerit eloquentior.*

Ecrivez-moi ce que vous faites, c'est-à-dire quelle chose vous faites, *ad me scribe quid agas.*

Ecrivez-moi ce qui se passe là où vous êtes, c'est-à-dire, quelle chose se passe…, *ad me scribe quid istìc agatur.*

Remarque. *Ce qui, ce que* s'exprime par *quid*, quand on peut le tourner par *quelle chose*, comme dans l'exemple précédent; mais *ce qui, ce que*, s'exprime par *quod*, quand on ne peut pas le tourner par *quelle chose*, parce qu'alors il n'est pas interrogatif. *Ex.* Il a fait ce que je lui avois commandé, *fecit quod ei præceperam.*

II. Les adverbes de lieu, *ubi, quò, quà, undè*, et les conjonctions *cur, quare, quomodò, an, utrùm*, etc., entre deux verbes, veulent le second au subjonctif en latin.

Exemples.

Je voudrois savoir où vous êtes, *scire velim ubi sis;* d'où vous venez, *undè venias;* où vous allez, *quò eas.*

S'il a de quoi vous payer, *an habuerit undè ubi solvat.*

Interrogée pourquoi elle disoit cela, *interrogata cur hoc diceret.*

III. *Combien*, entre deux verbes veut toujours le second au subjonctif en latin.

Exemples.

Vous voyez combien je vous aime, *vides quantùm te amem.*

Je dirai en peu de mots combien la liberté est douce, *quàm dulcis sit libertas breviter proloquar.*

Qui interrogatif devant un futur de l'indicatif et un imparfait du subjonctif, veut le verbe au présent du subjonctif en latin. Qui croira? *Quis credat?* Qui n'admireroit pas cette action? *Quis non illud factum miretur?*

A quel temps faut-il mettre le verbe latin, après les mots qui veulent le subjonctif, comme ut, ne, an, quin, *etc.?*

I. Mettez tous les temps de l'indicatif français aux mêmes temps du subjonctif latin, excepté les deux futurs.

Exemples.

Je ne sais { ce que vous faites, / ce que vous faisiez, / ce que vous avez fait, / ce que vous aviez fait, } nescio { *quid agas,* / *quid ageres,* / *quid egeris,* / *quid egisses.* }

Le futur de l'indicatif après *quin, an,* etc., se met au participe du futur en *rus, ra, rum,* pour l'actif; en *dus, da, dum,* pour le passif, avec *sim, sis, sit.*

Exemples.

Je ne sais s'il écoutera, *nescio an auditurus sit;* s'il sera écouté, *an audiendus sit.*

REMARQUE. Si le verbe latin n'a pas de participe du futur, mettez simplement le présent du subjonctif, en y joignant quelque adverbe qui marque le futur.

Exemple.

Je ne sais s'il se repentira, *nescio an illum unquàm pœniteat.*

II. Si le verbe français est au subjonctif, et qu'il marque l'avenir, mettez en latin le participe du futur, avec *sim*, *sis*, *sit* pour exprimer le présent du subjonctif; avec *essem*, *esses*, *esset*, pour l'imparfait; avec *fuissem*, *fuisses*, *fuisset*, pour le plusque-parfait du subjonctif.

Exemples.

Je doute que votre père vienne bientôt, *dubito an pater tuus brevi venturus sit.*

Je ne savois si votre père viendroit, je doutois que votre père vînt bientôt, *nesciebam an, dubitabam an brevi pater tuus venturus esset.* Je ne sais si votre père seroit venu, je doute que votre père fût venu, *nescio an pater tuus, dubito an pater tuus venturus fuisset.*

Quand le verbe qui est au subjonctif, ne marque pas l'avenir, ou qu'il n'a pas de participe du futur en latin, mettez les temps du subjonctif français aux même temps du subjonctif latin.

Exemples.

Je doute qu'il se repente jamais, *dubito an illum unquàm pœniteat.*

Je ne sais s'il se repentiroit, *nescio an illum unquam pœniteret.*

Je ne sais s'il se seroit repenti, *nescio an illum pœnituisset.*

Le futur passé après *ne pas savoir si*, et le parfait du subjonctif après *douter que*.... se mettent au parfait du subjonctif, quand ils marquent le passé.

Exemple.

Je ne sais s'il aura soupé, je doute qu'il ait soupé de si bonne heure, *nescio an, dubito an tàm maturè cœnaverit.*

Mais si les deux temps marquent l'avenir, ce qui arrive quand ils sont suivis de *lorsque*, mettez-les au futur en *rus*, *ra*, *rum*, ou en *dus*, *da*, *dum*, avec *sim*, *sis*, *sit*, en changeant *lorsque* par *avant que.*

Exemple.

Exemple.

Je ne sais s'il aura terminé, je doute qu'il ait terminé l'affaire lorsque vous viendrez ici; *nescio an, ibito an priùs rem confecturus sit quàm hùc venias*, est-à-dire, s'il terminera avant que vous veniez.

Si le verbe latin est au passif, on peut mettre le articipe passé avec *futurus, a, um, sim, sis, sit*. x. Je ne doute pas que l'affaire n'ait été réglée, lorsque vous lirez cette lettre; *non dubito quin te legente as litteras, confecta jàm res futura sit*. Cic. Il paroît ependant que les Latins évitoient ce tour de phrase.

ERBES *au passif dans le français qu'il faut tourner par l'actif en latin.*

Je suis favorisé de la fortune; *tournez*, la fortune 1e favorise.

RÈGLE. Quand un verbe au passif dans le français t neutre ou déponent en latin, il faut changer le assif en actif, et pour cela on prend le régime pour n faire le nominatif, et le nominatif pour en faire le égime.

Exemples.

Je suis favorisé de la fortune; *tournez*, la fortune me favorise, *mihi favet fortuna*. (*Faveo* n'a point de passif).

Il est admiré de tout le monde; *tournez*, tout le monde l'admire, *illum omnes admirantur*.

REMARQUE. S'il n'a point de régime dont on puisse faire le nominatif, mettez le verbe à la troisième personne du pluriel (en sous-entendant *homines*).

Exemple.

Cicéron étoit admiré quand il parloit, *admirabantur Ciceronem quùm diceret*.

VERBES *à l'actif dans le français qu'il faut tourner par le passif en latin.*

Il faut changer l'actif en passif, quand il y a *amphibologie*, c'est-à-dire, quand après un *que* retranché, le nominatif français et le régime seroient mis tous deux à l'accusatif latin, sans que l'on pût

distinguer l'un de l'autre : alors on tourne par le passif, en prenant le régime direct pour en faire le nominatif, et le nominatif pour en faire le régime.
Exemple.

Vous dites que Pierre aime Paul : vous ne pouvez pas mettre, *dicis Petrum amare Paulum*, parce qu'on ne sauroit qui est celui qui aime ; si c'est Pierre qui aime Paul, ou si c'est Paul qui aime Pierre : il faut donc changer l'actif en passif de cette manière : vous dites que Paul est aimé de Pierre, *dicis Paulum à Petro amari.*

On change encore l'actif en passif avec le pronom français, *on, l'on*, comme nous allons le voir dans le chapitre suivant.

CHAPITRE SECOND.

DES PRONOMS.

Pronom français qui manque en latin, on, l'on.

I. Il y a deux manières de rendre en latin le pronom *on, l'on.*

PREMIÈRE MANIÈRE.

On aime la vertu ; *tournez*, la vertu est aimée.
RÈGLE. Le verbe qui suit *on, l'on*, est-il actif, *tournez* le par le passif.
Exemple.
On aime la vertu, dites : la vertu est aimée, *virtus amatur.*

Si le verbe n'a point de régime dont on puisse faire le nominatif du verbe passif, mettez ce verbe à la troisième personne du singulier passif : plusieurs verbes neutres mêmes ont cette troisième personne.
Exemples.
Non-seulement on ne porte pas envie aux jeunes gens, mais on leur est même favorable, *adolescentibus non modò non invidetur, verùm etiam favetur.*

On raconte, *narratur*; on rapporte, *fertur*; on va, *itur*; on est venu, *ventum est.*

SECONDE MANIÈRE.

On aime la vertu, *amant virtutem.*

Mettez le verbe qui suit *on*, *l'on*, à la troisième personne du pluriel : ce qu'il faut toujours faire, quand ce verbe est neutre ou déponent en latin.

Exemples.

On admire la vertu, *admirantur virtutem*. (Sous-entendu *homines*).

On hait celui que l'on craint, *oderunt quem metuunt*.

On dit, *aiunt, ferunt, memorant, perhibent*.

REMARQUE. Devant les impersonnels, *pœnitet, pudet, tœdet, miseret, piget,* il faut exprimer le mot *homines* : on se repent d'avoir mal vécu, *homines pœnitet malè vixisse*.

Si le verbe qui suit *on*, est acompagné d'une négation, on tourne par *personne ne*, *nemo*, et le verbe se met à la troisième personne du singulier.

Exemple.

On ne peut être heureux sans la vertu ; *tournez*, personne ne peut... *nemo sine virtute potest esse beatus*.

Quand *on*, lorsqu'*on*, se tournent par *celui qui, ceux qui*.

Exemple.

Quand on désire le bien d'autrui, on perd justement le sien ; *tournez*, celui qui désire... *qui bonum alienum appetit, meritò amittit proprium*.

Si on, si l'on, se tournent par *si quelqu'un, si quis*.

Exemple.

Si l'on vous demande, *si quis te interroget*.

REMARQUE. On ne dit pas *si aliquis*, mais *si quis* : après *si, nisi, ne, num, sivè, quò*, on retranche *ali* dans les mots qui commencent ainsi : *si quando*, pour *si aliquando, ne quando*, etc.

On voit, on trouve des gens qui....s'expriment par *videas, reperias qui....videre est, reperire est qui.....* et le verbe suivant se met au subjonctif. *Ex*. On voit des gens qui aspirent aux honneurs, *videas homines qui honores appetant*.

ON DIT que.... on croit que.... il semble, il paroît que....

On dit, on croit, etc. s'expriment en latin de deux manières.

1.º *Personnellement*, en prenant le nominatif du second verbe pour en faire le nominatif des verbes *on dit*, *on croit*.

Exemples.

On dit que les cerfs vivent très-long-temps; *tournez*, les cerfs sont dits vivre.... *cervi dicuntur diutissimè vivere*.

Il paroît que vous êtes malade; *tournez*, vous paroissez être malade, *videris ægrotare*.

2.º *Impersonnellement*, en tournant par la troisième personne du singulier passif, *il est dit que*.... *il est cru que*.... alors le *que* se retranche.

Exemple.

On dit que les cerfs vivent très-long-temps; *tournez*, il est dit que les cerfs.... *dicitur cervos diutissimè vivere*.

REMARQUE. On exprime toujours de cette seconde manière, *on dit*, *on croit*, quand ils sont suivis d'un verbe impersonnel.

Exemple.

On dit que vous vous repentez de votre faute; *tournez*, il est dit que vous.... *dicitur te tuæ culpæ pœnitere*.

OBSERVATION sur le verbe français,

ON ENSEIGNE.

Pour tourner ce verbe par le passif, il faut faire attention à la signification du verbe latin *doceri*, qui veut dire, *être instruit*; comme cela ne peut se dire que d'une personne, et non pas d'une chose, le verbe passif *doceor*, veut toujours pour nominatif le nom de la personne.

Exemples.

On enseigne la grammaire aux enfans; *tournez*, les enfans sont instruits sur la grammaire, *pueri docentur grammaticam* (sous-entend *ad*).

Les enfans à qui l'on enseigne la grammaire; *tournez*, les enfans qui sont instruits sur la grammaire, *pueri qui docentur grammaticam*.

La grammaire que l'on enseigne aux enfans; *tournez*, la grammaire sur laquelle les enfans sont instruits, *grammatica quam pueri docentur.* (Tournez de même cette phrase : la grammaire qui est enseignée aux enfans).

PRONOMS *français que l'on exprime d'une manière différente en latin.*

Il, le, la, lui, leur, qu'il faut quelquefois tourner en latin par *soi, à soi,* etc., et exprimer par *sui, sibi, se.*

Le renard dit qu'il n'étoit pas coupable, *tournez,* dit soi n'être pas....

RÈGLE. Quand les pronoms, *il, elle, le, la, lui, leur,* après un *que* retranché ou exprimé, se rapportent au nominatif du premier verbe, on les exprime par *sui, sibi, se.*

Pour connoître si ces pronoms se rapportent au nominatif du premier verbe, faites l'interrogation suivante: *qui il, qui elle?*

Exemples.

Le renard dit qu'*il* n'étoit point coupable de la faute: *Qui il?* Réponse, *le renard.* Quand le mot de la réponse est le même que le nominatif du premier verbe, exprimez *il* par *se*; ainsi, dites : *vulpes negavit se esse culpæ proximam.*

Solon disoit qu'*il* apprenoit tous les jours quelque chose en vieillissant : *Qui il?* Réponse, *Solon.* Le mot de la réponse est encore le même que le nominatif du verbe précédent ; ainsi, exprimez *il* par *se*; *Solon se quotidiè aliquid addiscentem, senem fieri dicebat.*

Ce citoyen répondit qu'*il* ne connoissoit point Aristide : *Qui il?* Réponse, *le citoyen.* Il faut donc *se....* *Civis ille respondit se ignorare Aristidem.*

Mais je crois qu'*il* ne disoit pas la vérité : *Qui il?* Réponse, *ce citoyen.*

Quand le mot de la réponse n'est pas le même que le nominatif du verbe, exprimez *il* par *ille, illa, illud;* ainsi dites : *at arbitror illum non vera dixisse.* (*Il, elle,* etc., ne peuvent jamais se rapporter à un nominatif de la première ou de la seconde personne).

Son, sa, ses, leur, leurs, qu'il faut quelquefois tourner en latin par *de lui, d'elle, d'eux, d'elles*, et exprimer par *ejus, eorum, earum*.

Son, sa, ses, leur, leurs, après un seul verbe.
Pater amat *suos liberos*.

I. RÈGLE. *Son, sa, ses....* après un seul verbe, s'expriment par *suus, sua, suum*, quand ils se rapportent au nominatif de ce verbe.

Pour connoître s'ils se rapportent au nominatif du verbe, faites l'interrogation suivante : *De qui ?*

Exemple.

Un père aime ses enfans ; les enfans *de qui ?* Réponse, *du père*.

Quand le mot de la réponse est le même que le nominatif du verbe, servez-vous de *suus, sua, suum* ; ainsi, dites : *pater amat suos liberos*.

Quand le mot de la réponse n'est pas le nominatif du verbe, exprimez *son, sa, ses*, par *ejus, leur, leurs*, par *eorum, earum*.

Exemples.

Mais il n'aime pas leurs défauts, les défauts *de qui ?* Réponse, *des enfans*. Comme ce mot *enfans* n'est pas le nominatif du verbe, dites : *at eorum vitia odit*.

Cependant quand le verbe est de la première ou de la seconde personne, on se sert de *suus, sua, suum*.

Exemples.

J'ai rendu à César son épée, *suum Cæsari gladium restitui*.

Avertissez-les de leurs devoirs, *admone eos de suis officiis*.

Son, sa, ses, leur, leurs, après deux verbes.

II. RÈGLE. Quand *son, sa, ses*, etc., sont après deux verbes de personnes différentes, on les exprime par *suus, sua, suum*, pourvu qu'ils se rapportent au nominatif de l'un des deux verbes.

Exemples.

La mère vous prie de pardonner à son fils, c'est-à-dire, que vous pardonniez, *mater te orat ut filiolo ignoscas suo*. (*Son* ici se rapporte au nominatif du premier verbe).

J'écris à mon ami de me confier son affaire, c'est-à-dire, qu'il me confie, *ad amicum scribo ut mihi negotium committat suum*. (*Son* ici se rapporte au nominatif du second verbe).

Mais on exprime *son*, *sa*, *ses*, par *ejus* ou *illius*; *leur*, *leurs*, par *eorum*, *earum*, quand ils ne se rapportent ni à l'un ni à l'autre de ces deux nominatifs.

Exemple.

Je vous prierai de prendre ses intérêts, *te rogabo ut illius commodis inservias*. (*Son*, *sa*, *ses*, ne peuvent jamais se rapporter à un nominatif de première ou de seconde personne).

III. *Son*, *sa*, *ses*, *leur*, *leurs*, au commencement d'une phrase.

Ejus indoles est optima.

I. RÈGLE. *Son*, *sa*, *ses*, au commencement d'une phrase, s'expriment par *ejus* ou *illius*; *leur*, *leurs*, par *eorum*, *earum*, quand ils ne se rapportent pas au régime du verbe suivant.

Exemple.

Son caractère est excellent; *tournez*, le caractère de lui.... *ejus indoles est optima*.

Sua eum commendat modestia.

II. RÈGLE. *Son*, *sa*, *ses*, même au commencement d'une phrase, s'expriment par *suus*, *sua*, *suum*, quand ils se rapportent au régime du verbe suivant; ce qui arrive, quand ils sont suivis de *le*, *la*, *les*, ou précédés d'un *que* relatif.

Exemples.

Sa modestie le rend recommandable, *sua eum commendat modestia*.

L'enfant que sa modestie rend recommandable, *puer quem sua commendat modestia*.

On ajoute au nominatif latin les pronoms *suus*, *sua*, *suum*, quand le nominatif français est suivi d'un substantif précédé de la préposition *de*, et que les pronoms *le*, *la*, *les*, etc., se trouvent devant le verbe.

L'ambition de cet homme le perdra, *tournez*, son ambition perdra cet homme, *sua hominem perdet ambitio*.

1.º Tel que.... telle que, *is qui, ea quæ*.

Règle. *Tel que, telle que,* se tournent en latin par *celui, celle qui,* et s'expriment *tel, telle,* par *is, ea, id,* et *que,* par *qui, quæ, quod,* que l'on met au nominatif devant *sum,* etc., *sim* et à l'accusatif devant *esse,* mis à cause d'un *que* retranché.

Exemples.

Je ne suis pas tel que vous, *tournez,* je ne suis pas celui lequel vous êtes, *non is sum qui tu* (sous-entendu *es*). On peut dire aussi: *non sum talis qualis tu.*

Il n'est pas tel que vous pensez ; *tournez,* il n'est pas celui lequel vous pensez qu'il est, *non is est quem putas* (sous-entendu *eum esse*). *Quem* est à l'accusatif à cause du *que* retranché.

2.º *Tel,* quand il n'est pas suivi de *que,* s'exprime par *is* ou *talis.*

Exemple.

Tel a été mon père, *is ou talis fuit pater meus.*

3.º Lorsque *tel,* au commencement d'une phrase, est suivi de *qui,* on tourne *tel* par quelques-uns, *quidam,* ou par, il y en a qui.... *sunt qui.*

Exemple.

Tel rit aujourd'hui, qui pleurera demain, *tournez,* quelques-uns rient.... *quidam hodiè rident qui cras flebunt.*

Tel répété, *qui, is.*

4.º Quand *tel* est répété, le premier s'exprime par *qui, quæ, quod,* et le second par *is, ea, id ;* ou bien le premier par *qualis,* et le second par *talis.*

Exemple.

Tel père, tel fils, *qui pater est, is est filius,* ou *qualis pater est, talis filius ;* c'est comme s'il y avoit, le fils est tel que le père, mais la phrase est renversée.

5.º Quand *tel,* suivi de *que,* peut se tourner par *si grand, si petit, si bon, si mauvais,* etc., on exprime le *que* par *ut,* avec le subjonctif.

Exemples.

La libéralité doit être telle, qu'elle ne nuise à personne, *ea esse debet liberalitas, ut nemini noceat.*

La force de la vertu est telle que nous l'aimons même dans un ennemi, *ea vis est probitatis, ut illam vel in hoste diligamus.*

Quand *tel* peut se tourner par *de cette sorte*, on l'exprime par *hujus modi*, en bonne part, et *istius modi*, en mauvaise part. *Ex.* Qui n'aimeroit de tels enfans ? *Quis hujus modi puerulos non amet ?* Qui ne hairoit de tels gens ? *Quis istius modi homines non oderit.*

1.º LE MÊME que, *idem qui*, ou *ac, atque*.

RÈGLE. *Le même, la même*, s'expriment par *idem, eadem, idem*, et le *que* par *qui, quæ, quod*, que l'on met au cas du verbe suivant.

Exemples.

Vous n'êtes pas le même à mon égard que vous avez été autrefois, *non idem es ergà me qui fuisti olim.*

Ma mère n'est pas aujourd'hui la même que je l'ai vue autrefois, *non eadem est hodiè mater mea, quam vidi olim* (sous-entendu *eam esse*).

Je me sers des mêmes livres que vous, *iisdem libris utor, quibus tu* (sous entendu *uteris*).

REMARQUE. *Le même*, devant un nom ou pronom, s'exprime par *idem*; le même homme, *idem homo.*

Même, après un nom ou pronom, s'exprime par *ipse, ipsa, ipsum.* L'homme même, *homo ipse*; moi-même, *ego ipse*; vous-même, *tu ipse.*

Quand *même* se rapporte au nominatif du verbe, il se met au nominatif en latin, quoiqu'en français il soit joint au régime. *Ex.* L'avare se nuit à lui-même, *avarus sibi ipse nocet.* Mais si *même* ne se rapporte pas au nominatif, on le fait accorder avec le régime. Le temps ronge le fer même, *vetustas ferrum ipsum exedit.*

2.º *Ne pas même* s'exprime par *ne quidem*, que l'on sépare en mettant un mot entre *ne* et *quidem*.

Exemple.

Je ne l'ai pas même vu, *eum ne vidi quidem.*

3.º *De même que si*, signifiant *comme si*, s'exprime par *non secùs ac.... perindè ac.... tanquàm.*

Exemple.

Je l'aime de même que s'il étoit mon frère, *illum perindè amo ac si esset frater meus.*

4.° *De même*, non suivi de *que*, se rend par *item*. Il n'en est pas de même des Romains, *non item de Romanis*.... *Et même* s'exprime par *imò*, *quin*, *quin imò*, *quin etiam*. *Ex*. Je leur ai donné un empire sans bornes, *et même* la cruelle Junon prendra des sentimens plus modérés, *imperium sine fine dedi*, *quin aspera Juno consilia in melius referet*. Virg.

I. Autre, autrement que.... *alius*, *aliter quàm*.... *ac*.... *atque*...

Règle. *Autre* s'exprime par *alius*, *alia*, *aliud*, et *que* par *quàm*, *ac*, *atque*.

Exemples.

Il n'est pas autre qu'il n'étoit autrefois, *non alius est quàm erat olim*; on n'exprime pas *ne* après *autre*.

Il parle autrement qu'il ne pense, *aliter loquitur ac* ou *atque sentit*.

Au lieu de *quàm*, *ac*, on répète élégamment *alius*, *aliter*.

Exemples.

Autre est le père, autres sont les enfans: *alius est pater, alia progenies*.

Il parle autrement qu'il ne pense, *aliter loquitur, aliter sentit*.

II. *Tout autre* signifiant *quelque autre que ce soit*, s'exprime par *quivis alius*, *quilibet alius*, et *que* par *ac*, *atque*.

Exemple.

Tout autre Peuple que le Peuple romain eût perdu courage, *quivis alius Populus ac romanus despondisset animum*.

Mais si *tout autre* signifie *tout différent* et si *tout autrement* peut se tourner par *tout différemment*, on exprime *tout autre* par *longè alius*, et *tout autrement* par *longè aliter*.

Exemples.

Vous êtes tout autre que vous n'étiez, c'est-à-dire, tout différent, *longè alius es atque eras*.

La chose est arrivée tout autrement, c'est-à-dire tout différemment, *longè aliter res evenit*.

III. Après *lequel des deux* (en latin *uter*) ; *autre* s'exprime aussi par *uter, utra, utrum.*

Exemple.

Examinez lequel des deux a dressé des embûches à l'autre, *quære uter utri insidias fecerit.*

IV. *L'un... l'autre, les uns.... les autres*, quand on parle de plus de deux, s'expriment par *alius, alia, aliud,* que l'on répète.

Exemple.

Les uns jouent, les autres chantent, *alii ludunt, cantant alii.*

Mais si l'on ne parle que de deux, on se sert de *alter* répété, ou de *unus, alter.*

Exemple.

L'un dit oui, l'autre dit non, *alter* ou *unus ait, negat alter.*

V. *L'un, l'autre,* doublés se traduisent par *alius, alia, aliud,* doublés de cette manière.

Exemples.

Les uns aiment une chose, les autres une autre ; tournez, différentes personnes aiment différentes choses; *alii aliis rebus delectantur.*

Les uns s'en allèrent d'un côté, les autres de l'autre; *alii alio dilapsi sunt.*

VI. *Ni l'un ni l'autre* (quand le nominatif est un pronom) s'expriment par *neuter, neutra, neutrum ; l'un l'autre* par *uterque, utraque, utrumque ;* ils sont ordinairement suivis de *alter, altera, alterum,* et alors on n'exprime pas *se.*

Exemples.

Ils ne s'aiment ni l'un l'autre, *neuter alterum amat.*
Ils se haïssent l'un l'autre, *uterque alterum odit.*

VII. *L'un des deux, l'un ou l'autre,* s'expriment par *alteruter, alterutra, alterutrum.*

Exemple.

Je vous enverrai l'un ou l'autre, *alterutrum ad te mittam.*

VIII. *L'un après l'autre* s'exprime par *singuli, singulæ, singula.*

Exemple.

Il se mit à les manger l'un après l'autre, *cœpit vesci singulis.*

IX. *Le premier*, *le second*, quand on ne parle que de deux, s'expriment *le premier* par *prior*, et le *second* par *posterior*, ou par *alter* répété.

Exemple.

Le premier rioit toujours, le second pleuroit sans cesse, *prior semper ridebat, posterior indesinenter flebat.*

Mais si l'on parle de plus de deux, servez-vous de *primus*, *secundus*.

Celui-ci, *celui-là*, s'expriment *celui-ci*, par *hic*; *celui-là*, par *ille*.

Exemple.

Celui-ci rioit toujours, celui-là pleuroit sans cesse; *hic semper ridebat, ille indesinenter flebat.*

X. *Celui des deux qui*, s'exprime par *uter*, *utra*, *utrum*.

Exemple.

Celui des deux qui se dédira, paiera l'amende, *uter demutaverit, pecuniá mulctabitur.*

QUEL, QUELLE, suivis de que, *quicumque, quantuscumque.*

RÈGLE. *Quel*, *quelle que*, s'expriment par *quicumque*, *quæcumque*, et si la chose peut se dire *grande*, par *quantuscumque*, *quantacumque*.... qui renferme *que*, et veut ordinairement le subjonctif.

Exemple.

Quelle que soit sa mémoire, il oublie cependant bien des choses, *quantacumque sit ejus memoria, multa tamen obliviscitur.*

Qui que ce soit.... qui s'exprime par *quicumque.... quilibet....* et si l'on ne parle que de deux, c'est par *utercumque, utracumque.*

Exemple.

Qui que ce soit des deux partis qui remporte la victoire, nous périrons, *utracumque pars vicerit, tamen perituri sumus.*

Quelque que.... suivi d'un nom.

I. Si c'est un nom de choses qui ne se comptent pas, on l'exprime par *quicumque... qualiscumque....* et si la chose peut se dire grande, par *quantuscumque, quantacumque*, etc.

Exemples.

Quelque parti que vous preniez, *quodcumque consilium capias.*

Quelque diligence que vous apportiez, *quantamcumque diligentiam adhibeas;* et mieux, *quidquid adhibeas diligentiæ.*

II. Si c'est un nom de choses qui se comptent, on exprime *quelque que....* par *quotcumque* ou *quantùmvis multi, æ, a.*

Exemple.

Quelques services que vous rendiez à un ingrat, vous ne lui en rendrez jamais assez, *quotcumque apud ingratum officia posueris, nunquàm satis multa contuleris.*

Quelque que.... suivi d'un adjectif.

Si *quelque que....* est suivi d'un adjectif, d'un adverbe ou d'un participe, on l'exprime par *quantùmvis*, et si c'est le participe d'un verbe de prix, par *quanticumque*.

Exemples.

Quelque savant qu'il soit, il ignore cependant bien des choses, *quantùmvis sit doctus, multa tamen ignorat.*

Quelque estimable que soit la science.... *quanticumque æstimanda sit doctrina.*

Quelque grand que.... s'exprime par *quantuscumque, quantacumque....* quelque petit que par *quantuluscumque, quantulacumque.*

Pronoms *français qui ne s'expriment pas en latin.*

I. Je crois qu'il faut; *tournez,* je crois falloir.

Regle. *Il* devant un impersonnel, ne s'exprime pas, excepté devant *pœnitet, piget, pudet, tœdet, miseret.*

Exemples.

Je crois qu'il faut, *credo oportere.*

Vous savez qu'il est honteux de mentir, *scis mentiri turpe esse.*

II. Quand *celui*, *celle*, ou *ceux*, suivis d'un génitif, sont employés pour un nom précédent, on ne se sert pas de *ille, illa, illud*, mais ou répète le nom qui précède.

Exemples.

Les qualités de l'âme sont bien préférables à celles du corps, *animi dotes corporis dotibus longè præstant.*

La vie des hommes est plus courte que celle des corneilles, *brevior est hominum quàm cornicum vita.* (On peut ne pas répéter le nom, quand il doit être mis au même cas, et dire *brevior est hominum quam cornicum vita*).

III. Dans les phrases suivantes : *c'est ainsi que, est-ce ainsi que....* on n'exprime ni *c'est*, ni *que*.

Exemples.

C'est ainsi qu'il parla ; tournez, il parla ainsi, *sic locutus est.*

Est-ce ainsi que vous défendez vos amis? tournez, défendez-vous ainsi?... *Siccine tuos amicos defendis*

C'est vous-même que je cherche, *te ipsum quæro.*

IV. *Ce n'est pas que*, se rend en latin par *non quòd*; mais *c'est que*, par *sed quòd.*

Exemple.

Ce n'est pas que j'approuve, mais c'est que.... *non quòd approbem, sed quòd.*

S'il suit un comparatif, rendez *ce n'est pas que*, etc., par *non quò... sed quò.* Ce n'est pas que l'un me soit plus cher que l'autre, *non quò mihi sit alter altero carior.*

S'il suit une négation, par *non quin....* Ce n'est pas que je pense, *non quin existimem..*

V. *Ce n'est pas à dire pour cela que.... Est-ce à dire pour cela que,* se rendent par *non continuò, non ideò.... an continuò.... an ideò ?*

Exemple.

Quoique j'aie salué des méchans, ce n'est pas à dire pour cela que je sois méchant, *quamvis improbos salutaverim, non continuò sum improbus, non ideò sum improbus.*

VI. *Ce qui* ou *ce que*, suivis de *c'est* et d'un nom, ne s'expriment pas en latin.

Exemple.

Ce qui me chagrine le plus, c'est la mauvaise santé de mon père ; *tournez*, la mauvaise santé de mon père me chagrine le plus ; *valetudo patris me potissimùm sollicitat.*

Ce qui, ce que, s'expriment par *illud*, quand ils sont suivis de *c'est que.*

Exemples.

Ce que j'espère, c'est que je vivrai éternellement, *illud spero me futurum immortalem.* (Après *espérer* on retranche le *que*).

Ce que je crains, c'est que.... *illud vereor ne.* (Après *craindre*, le *que* s'exprime par *ne*).

Ce dont je doute, c'est que.... *illud dubito an.* (Après *douter*, le *que* s'exprime par *an*).

Ce qui me console, c'est que... *illud me consolatur quòd.*

VII. *C'est*, devant un infinitif suivi de *que de*, se tourne par *celui qui.*

Exemple.

C'est se tromper que de croire.... *tournez*, celui qui croit ... se trompe, *errat qui putat.*

CHAPITRE TROISIEME.

DES PARTICIPES.

Participes français qui manquent en latin.

I. Le verbe latin *sum* n'a ni le participe du présent *étant*, ni le participe du passé *ayant été*: on se sert des conjonctions *lorsque, après que, puisque ; quùm, postquàm,*

Exemples.

Cicéron étant Consul, la conjuration fut découverte ; *tournez*, lorsque Cicéron étoit Consul, la conjuration fut découverte ; *quùm Cicero esset Consul, detecta fuit conjuratio.*

On peut aussi mettre les deux noms à l'ablatif, et dire : *Cicerone Consule, detecta fuit conjuratio.* (On sous-entend la préposition *sub*, et c'est encore un ablatif absolu).

Cicéron ayant été Consul, fut néanmoins envoyé en exil ; *tournez*, après que Cicéron eût été Consul..... *Cicero postquàm fuisset Consul, tamen in exilium actus est.*

II. Le participe passé actif, comme *ayant aimé*, manque en latin (excepté dans quelques verbes déponens). On le tourne par *lorsque, puisque, après que*, etc.

Exemples.

Ayant étudié ma leçon, je la réciterai, c'est-à-dire, *lorsque* ou *après que j'aurai étudié*, etc. *quùm* ou *postquàm lectioni meæ studuero, illam recitabo.*

Ayant récité sa leçon, il se tut, *quùm lectionem suam recitasset, tacuit;* ou bien *lorsque, après que*, il eut récité sa leçon, il se tut, *quùm* ou *postquàm recitavit lectionem suam, tacuit.*

III. Le participe passé du passif manque en latin quand le verbe est neutre, et souvent quand il est déponent ; alors on tourne par l'actif, et l'on se sert des conjonctions *quùm, postquàm.*

Exemples.

Étant favorisé de Dieu, il vint à bout de son entreprise, *quùm Deus ei favisset, consilium perfecit suum.*

Ayant été poursuivi des voleurs, il s'échappa ; *quùm latrones eum persecuti essent, evasit.*

PARTICIPES *français qui s'expriment en latin par une préposition et un nom.*

Ayant autant de prudence ; *tournez*, eu égard à votre prudence.

RÈGLE. *Ayant autant de...* avec un nom, *étant aussi* avec un adjectif, se tournent en latin par *eu égard à... pro* avec l'ablatif du nom.

Exemple.

Ayant autant de prudence que vous en avez, étant aussi prudent que vous l'êtes, *pro tuâ prudentiâ.*

CHAPITRE QUATRIÈME.
DES ADVERBES.

Que *adverbe*.

I. Que tardez-vous? *tournez*, pourquoi tardez-vous?
Le *que* interrogatif adverbe se tourne par *pourquoi*, et s'exprime par *quid* ou *cur;* mais s'il est suivi d'une négation, on le tourne par *pourquoi ne*, et on l'exprime par *quin* ou *cur non*.

Exemples.

Que tardez-vous? *quid* ou *cur moraris?*
Que n'accourez-vous ici? *quin* ou *cur non hùc advolas?*

Si le *que* interrogatif peut se tourner par *combien*, on l'exprime avec un verbe de prix par *quanti*.

Exemple.

Que vous a coûté cette maison, *tournez*, combien vous a coûté... *quanti tibi constitit hæc domus?*

Que *de désir*.

Que ne puis-je! Que je voudrois! *utinam!*
II. Le *que* de désir se connoît lorsqu'on peut le tourner par *plaise à Dieu que....* et se rend en latin par *utinam*, avec le subjonctif, sans exprimer *ne*.

Exemple.

Que ne puis-je vous entretenir! *utinam tecum loqui possim!*

III. Ne *que* signifiant seulement, *solummodo*.
Ne *que* signifiant seulement, se rend en latin par *solummodo*, ou par *solus, sola, solum*, que l'on fait accorder avec le nom qui suit.

Exemple.

La louange n'est due qu'à la vertu; c'est-à-dire, est due seulement.... *laus virtuti solummodo debetur;* ou bien est due à la seule vertu, *laus soli virtuti debetur.*

Si *ne que* signifie *rien autre chose que*, on exprimera *rien autre chose* par *nihil aliud*, et *que* par *nisi* ou *quàm*.

Exemples.

Il n'a pris que sa robe; c'est-à-dire, rien autre chose que.... *nihil aliud nisi togam sumpsit.*

Que entre deux négations.

IV. Si *que* entre deux négations est relatif, c'est-à-dire, s'il est précédé d'un nom auquel il se rapporte, on l'exprime par *qui, quæ, quod,* et on le met au cas du verbe.

Exemple.

Le sage n'assure rien qu'il ne prouve, *sapiens nihil affirmat quod non probet.*

Mais s'il est adverbe, on l'exprime par *quin, nisi, priusquàm* avec le subjonctif.

Exemple.

Je ne partirai pas d'ici que je ne vous aie vu, *non hinc proficiscar, quin* ou *nisi,* ou *priusquàm te viderim.*

Que d'admiration.

V. Le *que* d'admiration se connoît quand il peut se tourner par *combien;* et il s'exprime de même que *combien*.

REMARQUE. Lorsque le *que* d'admiration ou l'adverbe *combien* est joint au mot *grand,* on l'exprime par *quantus, quanta, quantum.*

Exemple.

Que ma joie seroit grande! *quanta esset mea lætitia!*

Lorsqu'il est joint au mot *petit,* on l'exprime par *quantulus, quantula, quantulum.* Que cette classe est petite! *quantula est hæc schola!*

Après un *que* d'admiration, la négation française ne s'exprime point en latin. *Ex.* Que de malheurs n'a-t-il pas essuyés! *quot et quantas calamitates hausit!*

ADVERBES DE QUANTITÉ.

Les adverbes de quantité s'expriment de différentes manières en latin, selon les différens mots auxquels ils sont joints.

I. Que ou combien d'eau, *quantùm aquæ.*

Devant un nom de choses qui ne se comptent pas,

ON EXPRIME :

Que *ou* combien,	*quantùm*,	
Peu,	*parùm*,	
Beaucoup,	*multùm*,	
Moins,	*minùs*,	Avec le génitif.
Plus,	*plùs*,	
Autant, tant,	*tantùm*,	
Assez,	*satis*,	
Trop,	*nimis, nimiùm*,	

(PAR)

Exemples.

Que *ou* combien d'eau,	*quantùm aquæ.*
Peu d'eau,	*parùm aquæ.*
Beaucoup d'eau,	*multùm aquæ.*
Moins d'eau,	*minùs aquæ.*
Plus d'eau,	*plus aquæ.*
Tant, autant d'eau,	*tantùm aquæ.*
Assez d'eau,	*satis aquæ.*
Trop d'eau,	*nimis, nimiùm aquæ.*

Un peu, quelque peu, tant soit peu, devant un nom, s'expriment par *tantillùm, aliquantulum* avec le génitif : un peu d'eau, *tantillùm aquæ.*

Un peu, devant un adjectif, un adverbe ou un verbe, s'exprime par *leviter* ou *nonnihil*; un peu blessé, *leviter* ou *nonnihil vulneratus.*

Sub, joint à un adjectif latin, rend quelquefois l'adverbe *un peu*. *Subamarus* veut dire *un peu amer.*

REMARQUE. Quand la chose qui ne se compte pas peut se dire grande,

ON EXPRIME :

Que *ou* combien,	*quantus, a,* **um**.
Peu,	*parvus, a,* **um**.
Beaucoup,	*magnus, a,* **um**.
Moins,	*minor, us*.
Plus,	*major, us*.
Autant, tant,	*tantus, a, um*.
Assez,	*sat s magnus, ā, um*.
Trop,	{ *nimius, a, um*. { *nimis magnus, a, um*.

(PAR)

L'on fait accorder ces adjectifs avec le nom.

Exemples.

Que *ou* combien de science,	*quanta doctrina.*
Peu de science,	*parva doctrina.*
Beaucoup de science,	*magna doctrina.*
Moins de science,	*minor doctrina.*
Plus de science,	*major doctrina.*
Autant, tant de science,	*tanta doctrina.*
Assez de science,	*satis magna doctrina.*

Trop de science, *nimia* ou *nimis magna doctrina.*

II. Devant un nom pluriel de choses qui se comptent,

ON EXPRIME :

Que *ou* combien,	*quot* ou *quàm multi, æ, a,*
Peu,	*pauci, cæ, ca,*
Beaucoup,	*multi, æ, a.*
Moins,	*pauciores, ra.*
Plus,	*plures, ra.*
Autant, tant,	*tot* ou *tàm multi, æ, a.*
Assez,	*satis multi, æ, a.*
Trop,	*nimis multi, æ, a.*

(PAR)

L'on fait accorder ces adjectifs avec le nom pluriel qui suit.

Que *ou* combien de livres,	*quot* ou *quàm multi libri.*
Peu de livres,	*pauci libri.*
Beaucoup de livres,	*multi libri.*
Moins de livres,	*pauciores libri.*
Plus de livres,	*plures libri.*
Autant, tant de livres,	*tot libri.*
Assez de livres,	*satis multi libri.*
Trop de livres,	*nimis multi libri.*

I. REMARQUE. *Combien* signifiant *combien peu*, s'exprime par *quotusquisque, quotaquæque.* Combien y en a-t-il qui soient éloquens? *quotusquisque est disertus?*

II. REMARQUE. Quand l'adverbe *combien* signifie *combien de personnes*, on l'exprime toujours par *quàm multi.* Vous voyez combien nous sommes ici, *vides quàm multi hic adsimus;* et non pas *quot adsimus.* (*Quot* et *tot* ne s'emploient que devant un nom exprimé).

III. Devant un adjectif ou un adverbe,

ON EXPRIME :

Que *ou* combien		*quàm* ou *ut.*
Peu,		*parùm.*
Beaucoup, bien, fort,		*multùm valdè.*
Moins,	PAR	*minùs.*
Plus,		*magis* ou un comparatif.
Tant, aussi, si,		*tàm.*
Assez,		*satis.*
Trop,		*nimis* ou un comparatif.

Exemples.

Que *ou* combien il est modeste !	*quàm* ou *ut modestus est !*
Peu modeste,	*parùm modestus.*
Bien modeste,	*multùm modestus* ou *modestissimus.*
Moins modeste,	*minùs modestus.*
Plus modeste,	*magis modestus* ou *modestior.*
Aussi modeste,	*tàm modestus.*
Assez modeste,	*satis modestus.*
Trop modeste,	*nimis modestus* ou *modestior.*

REMARQUE. *Si grand, aussi grand,* s'expriment par *tantus, a, um; si petit, aussi petit,* par *tantulus, a, um.*

IV. Devant un comparatif ou un verbe d'excellence, comme *excello, præsto, supero, malo,*

ON EXPRIME :

Que *ou* combien,		*quantò.*
Un peu,		*paulò.*
Bien, beaucoup,	PAR	*multò* ou *longè.*
Autant, tant,		*tantò.*

Exemples.

Qu'il est, ou combien est-il plus savant ! *quantò doctior est !* un peu plus savant, *paulò doctior ;* bien ou beaucoup plus savant, *multò doctior.*

Vous l'emportez autant sur les autres, *tantò præstas aliis.*

REMARQUE. *Combien, un peu, beaucoup, autant,* devant les adverbes *antè* et *post,* s'expriment de même : combien auparavant, *quantò antè :* un peu auparavant, *paulò antè :* beaucoup auparavant, *multò antè.*

V. Devant un verbe ordinaire,
ON EXPRIME :

Que ou combien,		quàm, quantùm, ut.
Peu,		parùm.
Beaucoup,		multùm, valdè, plurimùm.
Moins,	PAR	minùs.
Plus,		magis, plùs, ampliùs.
Autant, aussi, si,		tantùm, tàm,
Assez,		satis.
Trop,		nimis, nimiò plùs, plùs æquò

Exemples.

Qu'il ou combien il est aimé, *quàm, quantùm amatur*

Il est peu aimé,	parùm amatur.
Il est beaucoup aimé,	multùm, valdè amatur.
Il est moins aimé,	minùs amatur.
Il est plus aimé,	plùs, magis amatur.
Il est aussi, autant aimé,	tantùm, tàm amatur.
Il est assez aimé,	satis amatur.
Il est trop aimé,	nimis, nimiò plùs amatur.

REMARQUE. *Plus, moins, trop*, avec *refert, interest*, s'expriment par *magis minùs*. Il vous importe plus, *tua magis interest*. Il m'importe moins, *meâ minùs interest*

VI. Devant un verbe de prix ou d'estime,
ON EXPRIME :

Que ou combien,		quanti,
Peu,		parvi.
Beaucoup,		magni.
Moins,	PAR	minoris,
Plus,		pluris.
Tant, autant, aussi, si,		tanti.
Assez,		satis magni.
Trop,		nimio pluris.

Exemples.

Qu'il ou combien il est estimé ! *quanti æstimatur*.

Il est peu estimé,	parvi æstimatur.
Il est fort estimé,	magni æstimatur.
Il est moins estimé,	minoris æstimatur.
Il est plus estimé,	pluris æstimatur.
Il est tant, autant, aussi, si estimé,	tanti æstimatur.
Il est assez estimé,	satis magni æstimatur.
Il est trop estimé,	nimiò pluris æstimatur.

I. REMARQUE. *Combien, peu, beaucoup, autant, assez,* devant les verbes *refert, interest,* s'expriment par *quanti, parvi, magni, tanti, satis magni.* Il m'importe beaucoup, *med magni refert.*

II. REMARQUE. *Plus* devant *odisse* et *fugere,* se rend par *pejus.* Je le haïssois plus, *eum pejus oderam.*

Que *après* plus, moins.... *Quàm.*

I. RÈGLE. De quelque manière qu'on exprime *plus, moins,* le *que* suivant se rend toujours par *quàm.*

Exemples.

Plus
Moins } de courage que de prudence.

Plùs
Minùs } *fortitudinis quàm prudentiæ.*

Plus
Moins } de villes que de bourgs.

Plures
Pauciores } *urbes quàm vici.*

Il est } plus
moins } estimé que son frère.

Pluris
Minoris } *æstimatur quàm frater.*

Que *après* autant, aussi.

II. 1.º S'il est devant un nom de choses qui ne se comptent pas, on l'exprime par *quantùm* avec le génitif.

Exemple.

Autant de modestie que de science, *tantùm modestiæ, quantùm doctrinæ.* On dit aussi *tanta modestia, quanta doctrina.*

2.º Devant un nom de choses qui se comptent, on l'exprime par *quot.*

Exemple.

Autant de fruits que de fleurs, *tot fructus, quot flores.*

3.º Devant un adjectif ou un adverbe, par *quam.*

Exemple.

Il est aussi prudent que brave, *tàm prudens est quàm fortis.*

4.° Devant un verbe ordinaire, par *quantùm.*

Exemple.

Je vous aime autant que vous m'aimez, *tantùm te amo, quantùm me amas.*

5.° Devant un verbe de prix ou d'estime, par *quanti.*

Exemple.

Je vous estime autant que vous m'estimez, *tanti te facio, quanti me facis.*

REMARQUE. Après *autant, aussi, que* suivi de *peu* s'exprime par *quàm*, et alors *autant* s'exprime par *tàm magni. Ex.* Il vous importe autant qu'il m'importe peu, *tuâ tàm magni refert quàm parvi meâ.*

III. 6.° *Autant que*, au commencement d'une phrase, s'exprime par *quantùm. Ex.* Autant que je puis prévoir, *quantùm prospicere possum.*

IV. 7.° *Autant, aussi* à la fin d'une phrase, s'expriment par les adverbes suivans :

S'ils se rapportent

A un nom de choses qui ne se comptent pas,	Tantùmdem.
A un nom de choses qui se comptent, PAR	Totidem.
A un adjectif,	Idem.
A un verbe ordinaire,	Tantùmdem.
A un verbe de prix,	Tantidem.

Exemples.

Vous avez beaucoup de loisir, je n'en ai pas autant, *habes multum otii, non habeo tantùmdem.*

J'ai beaucoup de livres, vous n'en avez pas autant, *sunt mihi libri benè multi, non sunt tibi totidem*, etc.

V. Après *aussi, autant, plus*, on exprime de cette manière

Qu'homme du monde, Que qui que ce soit,	Quàm qui maximè.
Que chose du monde, Que quoi que ce soit,	Quàm quod maximè.
Que jamais,	Quàm quùm maximè.
Qu'en aucun lieu du monde,	Quàm ubi maximè.

Avec

Avec un verbe de prix ou d'estime, mettez *quanti* au lieu de *quàm*, et *plurimi* au lieu de *maximè*.

Exemples.

Il est aussi prudent qu'homme du monde ; *tournez*, que celui qui l'est le plus ; *tàm prudens est quàm qui maximè*.

Il est autant estimé que qui que ce soit, *tanti fit quanti qui plurimi*.

Cela m'est aussi agréable que quoi que ce soit ; *tournez*, que ce qui me l'est le plus, *id mihi tàm gratum est quàm quod maximè*.

Il est aussi paresseux que jamais ; *tournez*, que lorsqu'il l'est le plus, *tàm piger est quàm quùm maximè*.

La vieillesse étoit aussi honorée à Lacédémone qu'en aucun lieu du monde, *senectus tantùm honorabatur Lacedemone quantùm ubi maximè*.

AUTANT répété.

VI. Quand *autant* est répété, le premier tient lieu de *que*, et s'exprime de même par *quantùm, quot, quanti*, etc., le second par *tantùm, tot, tanti*, selon les mots auxquels ils sont joints.

Exemples.

Autant ce jeune homme avoit de science, autant il avoit de modestie ; *quantùm doctrinæ in eo adolescente, tantùm modestiæ inerat*. C'est comme s'il y avoit : *ce jeune homme avoit autant de modestie que de science ;* mais la phrase est renversée.

Autant d'hommes, autant de sentimens, *quot homines, tot sententiæ*.

Autant la politesse plaît, autant la grossièreté déplaît ; *quàm delectat urbanitas, tàm offendit rusticitas*.

D'AUTANT devant *plus, moins que....* eò, quò *ou* quòd.

I. RÈGLE. 1.º D'autant, devant *plus, moins*, s'exprime par *eò* ou *tantò*. 2.º *Plus, moins*, s'expriment ensuite selon les mots auxquels ils se rapportent. 3.º *Que* s'exprime par *quò* ou *quantò*, s'il est suivi d'un comparatif (1) auquel il se rapporte.

(1) Cette Règle a lieu, même quand *d'autant* est suivi de deux *que*. EXEMP. *Tibi eò plus debebo, quò tua in me humanitas fuerit excelsior quàm in te mea*. Cic. ad Attic. lib. III, Epist. 20.

I

Exemples.

Il est d'autant plus modeste, qu'il est plus savant; *tournez*, il est plus modeste par cela qu'il est plus savant, *eò modestior est, quò doctior.*

Il est d'autant moins estimé qu'il est plus orgueilleux, *eò minoris fit, quò superbior est.*

II. Que après *d'autant plus*, s'exprime par *quòd*, s'il n'est pas suivi d'un comparatif.

Exemple.

Cela a paru d'autant plus surprenant, qu'on ne s'y attendoit pas ; *id eò mirabilius visum est, quòd à nemine expectabatur.*

REMARQUE. *A proportion que* se tourne par *d'autant plus*, et s'exprime de même.

Exemple.

Il est plus modeste, à proportion qu'il est plus savant, *eò modestior est quò doctior* ; c'est-à-dire, il est d'autant plus modeste, qu'il est plus savant.

PLUS OU MOINS *répétés.... quò, eò.*

I. *Plus, moins,* répétés, sont la même chose que *d'autant plus, d'autant moins*, mais la phrase est renversée; ainsi l'on met *quò* devant le premier *plus* ou *moins*, *eò* devant le second, en exprimant toujours *plus* et *moins* selon les mots auxquels ils se rapportent.

Exemple.

Plus il est savant, plus il est modeste, *quò doctior, eo modestior est.*

II. *Plus on, plus une personne,* se tournent par *plus quelqu'un, quò quis* avec un comparatif. *Plus une chose* se tourne par *plus quelque chose, quò quid* (pour *quò aliquis, aliquid;* après *quò l'on retranche* ali).

Exemple.

Plus on est vicieux, plus on est malheureux ; *tournez,* plus quelqu'un est vicieux... *quò quis vitiosior, eò miserior est.*

REMARQUE. Le premier *plus on* peut aussi s'exprimer par *ut quisque* avec un superlatif, et le second par *ità* avec un superlatif encore. Ex. Plus on est vicieux, plus on est malheureux, *ut quisque vitiosissimus, ità miserrimus est.*

Tout le monde convient que plus une chose est difficile, plus il faut y apporter de soin, *fatentur omnes, quò quid difficilius est, eò majorem ad id adhibendam esse curam.* Lorsqu'il y a un *que* retranché devant le premier *plus* ou *moins*, ce *que* retombe sur le second *plus* ou *moins*.

LE PLUS, LE MOINS.

I. Devant un adjectif,

Le plus s'exprime par un superlatif, ou par *maximè*, avec le positif.	*Le moins* s'exprime par *minimè* avec le positif.
Exemple.	*Exemple.*
Le plus savant de tous, *omnium doctissimus*, ou *maximè doctus*.	Le moins savant de tous, *omnium minimè doctus*.

Servez vous aussi de *maximè*, *minimè*, avec un verbe ordinaire.

II. Devant un verbe de prix, d'estime,

Le plus s'exprime par *maximi*, *plurimi*.	*Le moins* s'exprime par *minimi*.
Exemple.	*Exemple.*
L'enfant que j'estime le plus, *puer quem plurimi omnium facio*.	L'enfant que j'estime le moins, *puer quem minimi omnium facio*.

III. Devant un adjectif ou un adverbe suivi d'un *que* adverbe,

Le plus s'exprime par le superlatif, devant lequel l'on met *quàm*.	*Le moins* s'exprime par *quàm minimè*, avec le positif.
Exemple.	*Exemple.*
Soyez le plus indulgent que vous pourrez, *esto quàm facillimus*.	Soyez le moins indulgent que vous pourrez, *esto quàm minimè facilis*.

IV. Devant un nom singulier suivi d'un *que* adverbe,

Le plus s'exprime par *quàm plurimùm*, avec le génitif; ou par *quàm plurimus, a, um*, que l'on fait accorder avec le nom.	*Le moins* s'exprime par *quàm minimùm*, avec le génitif, ou par *quàm minimus, a, um*, que l'on fait accorder avec le nom.
Exemple.	*Exemple.*
Il a employé le plus de diligence qu'il a pu, *adhibuit quàm plurimùm potuit diligentiæ*, ou *quàm plurimam potuit diligentiam*.	Il a employé le moins de diligence qu'il a pu, *adhibuit quàm minimùm potuit diligentiæ*, ou *quàm minimam potuit diligentiam*.

V. Devant un nom pluriel de choses qui se comptent, suivi d'un *que* adverbe,

Le plus s'exprime par *quàm plurimi, mæ, ma,* que l'on fait accorder avec le nom.
Exemple.
Il a lu le plus de livres qu'il a pu, *quàm plurimos potuit libros legit.*

Le moins s'exprime par *quàm paucissimi, mæ, ma,* que l'on fait accorder avec le nom.
Exemple.
Il a lu le moins de livres qu'il a pu, *quàm paucissimos potuit libros legit.*

VI. Devant un adjectif suivi d'un *qui* ou *que* relatif.

Le plus s'exprime par le superlatif; *qui* ou *que* se rend en latin par *qui, quæ, quod* avec le subjonctif.
Exemple.
Il est le plus savant que je connoisse, c'est-à-dire, le plus savant de tous ceux que je connoisse, *est omnium quos noverim doctissimus.*

Le moins s'exprime par *minimè,* avec le positif, et *qui* ou *que* se rend en latin par *qui, quæ, quod* avec le subjonctif.
Exemple.
Il est le moins savant que je connoisse, c'est-à-dire de tous ceux que je connoisse, *est omnium quos noverim minimè doctus.*

TANT QUE.

I. Ire RÈGLE. Si *tant que* est précédé d'une négation, on le tourne ordinairement par *autant que,* et on l'exprime de même.

Exemples.

Il n'a pas tant de science que de présomption; c'est-à-dire, autant de science que de présomption, *non in eo est tantùm doctrinæ quantùm arrogantiæ.*

Il n'y a pas tant de fruits que de fleurs, *non sunt tot fructus quot flores.*

Tant devant un comparatif se rend par *tantò.* Tant pis, *tantò pejùs;* tant mieux, *tantò meliùs.*

II. IIe RÈGLE. Si *tant* ne peut pas se tourner par *autant,* c'est-à-dire, s'il n'y a pas comparaison, le *que* suivant s'exprime toujours par *ut* avec le subjonctif.

Exemples.

Il a reçu tant de coups qu'il en est mort, *tot plagas accepit, ut mortuus sit.*

J'estime tant la vertu, que je la préfère à tous

les trésors, *tanti facio virtutem ut eam thesauris omnibus anteponam.*

III. *Tant que* signifiant *tandis que, tant de temps que,* s'exprime par *dùm, donec, quamdiù.*

Exemples.

Tant que vous serez heureux, vous compterez beaucoup d'amis, *donec, dùm eris felix, multos amicos numerabis.*

Tant qu'il a vécu, *quamdiù vixit.*

IV. *Tant.... que* signifiant *non-seulement, mais encore,* s'exprime par *tùm* répété, ou par *cùm, tùm.*

Exemple.

Les philosophes, tant anciens que modernes, *philosophi tùm veteres, tùm recentiores,* ou *cùm veteres, tùm recentiores.*

V. *Non pas tant pour.... que pour....* s'exprime par *non tàm ut.... quàm ut....* avec le subjonctif.

Exemple.

Je vous écris, non pas tant pour vous louer, que pour vous féliciter, *ad te scribo, non tàm ut te laudem, quàm ut tibi gratuler.*

VI. *Tant.... il est vrai que....* se rend en latin par *adeò* devant un adjectif ou un verbe ordinaire, par *tanti* devant un verbe de prix, par *tantò* devant un comparatif.

Exemples.

Tant est rare une amitié fidelle, *adeò rara est fidelis amicitia;* tant il est estimé, *tanti æstimatur.*

Tant la sagesse l'emporte sur les richesses, *tantò præstat divitiis sapientia.*

Si *adverbe.*

I. Quand *si.... que....* peut se tourner par *aussi.... que....* on l'exprime de même.

II. Quand *si* ne peut pas se tourner par *aussi,* on l'exprime par *tàm, adeò, ità* devant un adjectif, un adverbe et un verbe ordinaire; par *tanti* devant un verbe de prix ou d'estime, et le *que* s'exprime toujours par *ut.*

Exemples.

Dieu est si bon qu'il aime les hommes, *Deus est tàm bonus ut amet homines.*

I 3

Il fut si frappé de cette nouvelle, qu'il mourut, *eo nuntio itâ perculsus est, ut mortuus sit.*

Il est si estimé que.... *tanti fit ut.*

III. *Si grand* s'exprime par *tantus, ta, tum; si petit* par *tantulus, la, lum* : et quand *si* ne peut pas se tourner par *aussi*, le *que* suivant se rend par *ut* avec le subjonctif.

Exemples.

La bonté de Dieu est si grande, qu'il nous aime, *tanta est Dei bonitas, ut nos amet.*

Cette étoile est si petite, qu'on ne peut la voir, *stella hæc tantula-est, ut perspici non queat.*

Mais quand *si grand* peut se tourner par *aussi grand*, on exprime *que* par *quantus, ta, tum*; et quand *si petit* peut se tourner par *aussi petit*, on exprime *que* par *quantulus, la, lum.*

Exemple.

La terre n'est pas si grande que le soleil; tournez, n'est pas aussi grande... *non tanta est terra quantus sol.*

Cette classe n'est pas si petite que la nôtre, c'est-à-dire, aussi petite.... *hæc schola non tantula-est quantula est nostra.*

Assez.... pour.... *en latin,* Tant.... ou si.... que....

I. Règle. Quand *assez* est suivi de *pour*, on tourne *assez* par *tant* ou *si*, qu'on exprime selon les mots auxquels il se rapporte; *pour* se tourne par *que*, et s'exprime par *ut* avec le subjonctif.

Exemples.

Avez-vous assez de loisir pour lire, même des fables? tournez, avez-vous tant de loisir, que vous lisiez.... *est-ne tibi tantùm otii, ut etiam fabulas legas ?*

Êtes-vous assez ignorant, pour ne pas savoir cela, c'est-à-dire, si ou tellement ignorant, que vous ne sachiez pas cela? *adeò-ne ignarus es, ut hæc nescias ?* Cic.

Au lieu de *ut*, on peut se servir de *qui, quæ, quod,* comme après mériter.... *adeò ne ignarus es, qui hæc nescias ?*

Il n'est pas assez estimé pour que je me fie à lui; tournez, si estimé que je me fie.... *non tanti fit, ut ei confidam.*

II. *Assez peu*, suivi de *pour*.... se tourne par *si peu que*.... et s'exprime *assez* par *tàm*, *peu*, selon le mot auquel il se rapporte, et *pour* par *ut*.

Exemple.

J'ai assez peu d'ambition pour mépriser les honneurs; *tournez*, j'ai si peu d'ambition que je méprise.... *tnest in me tàm parùm ambitionis, ut honores despiciam.*

TROP.... POUR ... *en latin*, plus que (*il ne faut*) pour...

I. RÈGLE. Quand *trop* est suivi de *pour*, on tourne *trop* par *plus*, qu'on exprime selon les mots auxquels il se rapporte; et *pour* s'exprime par *quàm ut* avec le subjonctif. Exemples.

Il a avalé trop de poison pour recouvrer la santé, *plus veneni hausit, quàm ut sanitati restituatur*. On peut dire aussi, *quàm qui sanitati restituatur*.

Il a commis trop de crimes pour que les juges aient pitié de lui, *plura admisit scelera, quàm ut illius judices misereat*. On peut dire aussi, *quàm cujus judices misereat*.

Je suis trop élevé pour que la fortune puisse me nuire, *major sum, quàm ut fortuna mihi nocere possit* (ou *quàm cui*).

Je vous estime trop pour vous blâmer, *pluris te facio, quàm ut te vituperem*.

II. *Ne pas assez.... pour..* } en latin, *moins que*
Trop peu.... pour....   } (*il ne faut*) pour....

RÈGLE. *Ne pas assez*, *trop peu*, se tournent par *moins*, et s'expriment de même; *pour* s'exprime par *quàm ut*. Exemples.

Il n'a pas assez d'esprit pour conduire cette affaire; *tournez*, il a moins d'esprit qu'il ne faut pour... *minùs habet ingenii, quam ut rem gerat*.

Il avoit trop peu de soldats pour vaincre, *pauciores habebat milites, quàm ut vinceret*.

Il étoit trop peu estimé pour.... *minoris æstimabatur quàm ut...*

ADVERBES DE TEMPS.

À PEINE.... QUE... *Vix quùm*...
AUSSITOT QUE... *Statim ut*...

I. *A peine* s'exprime par *vix*, et le *que* suivant par *quùm* avec l'indicatif.

Exemple.

A peine fut-il arrivé, qu'il tomba malade ; *vix advenit, quùm in morbum incidit.*

Aussitôt que s'exprime par *statim ut; ne pas plutôt que* est la même chose.

Exemple.

Aussitôt qu'il fut arrivé, il tomba malade, ou il ne fut pas plutôt arrivé, qu'il tomba malade ; *statim ut advenit, in morbum incidit.*

II. *Plutôt* signifiant *de meilleure heure*, s'exprime par *maturiùs;* s'il signifie *plus vîte*, par *citiùs, celeriùs.*

Exemples.

Il s'est levé plutôt qu'à l'ordinaire, *maturiùs solito surrexit.*

Il est arrivé plutôt qu'on ne pensoit, *citiùs venit quàm putabant.*

III. Quand *plutôt* marque la préférence d'une chose sur une autre, on l'exprime par *potiùs* et *que de* par *quàm* avec le subjonctif.

Exemple.

Combattez plutôt que de devenir esclave, *depugna potiùs quàm servias.*

Après les adverbes et les noms de temps, on exprime *que* par *quùm*, (ou *ex quo* quand il peut se tourner par *depuis que*).

Exemples.

Présentement que.... *nunc quùm.*

Hier que... *heri quùm.*

La dernière fois que je vous vis, *proximè quùm te vidi.*

Un jour que j'étois avec vous, *quâdam die quùm tecum essem.*

Il y a long-temps que je vous attends, *diù est quùm te expecto.* (*Il y a, il y avoit*, se tournent par le verbe *être*).

Du temps que Rome florissoit, *tùm quùm Roma floreret.*

Un jour viendra que... *veniet* ou *erit tempus quùm...*

Il y a des temps que... *incidunt sæpè tempora quùm.*

Il y a deux ans qu'il est mort, *duo anni effluxére ex quo mortuus est.* (Sous-entendu *tempore*), et non pas *ex quibus.*

CHAPITRE CINQUIÈME.

Prépositions françaises.

Préposition DE.

I. *De* au commencement d'une phrase, s'exprime par *e* ou *ex* avec l'ablatif.

Exemple.

De tous les vices, il n'en est pas de plus grand que l'orgueil, *ex omnibus vitiis, nullum est majus superbiâ.*

II. *De* entre un nom et le présent de l'infinitif actif, veut le gérondif en *di.*

Exemple.

Le temps de prier, *tempus orandi.*

De entre un nom et l'infinitif passif, ou tout autre verbe qui n'a point de gérondif, s'exprime par différentes conjonctions, selon le verbe ou le nom d'où il est dérivé.

Exemples.

Il trembloit de crainte d'être surpris, *contremiscebat ne deprehenderetur.* (Après *craindre*, *de* s'exprime par *ne*).

Il a une grande joie d'être le premier, *summa perfunditur lætitiâ quòd primas teneat.* (Après *se réjouir*, *de* s'exprime par *quòd*).

III. Quand *de*, suivi d'un infinitif, peut se tourner par *si*, on l'exprime en latin par *si.*

Exemple.

Vous me ferez plaisir de lui écrire; *tournez*, si vous lui écrivez, *pergratum mihi feceris, si ad eum scripseris.*

IV. Quand *de*, suivi d'un infinitif, peut se tourner par *moi qui, vous qui,* on l'exprime par *qui, quæ, quod,* avec le subjonctif.

Exemple.

Que vous êtes malheureux d'avoir couru de vous-même à la mort! *ó te infelicem qui ultrò ad necem cucurreris!*

Préposition à *devant un infinitif.*

I. Quand la préposition *à*, précédée d'un nom, peut se tourner par *qui, que*, on l'exprime par *qui, quæ, quod*, avec le subjonctif.

Exemple.

Je n'avois rien à vous écrire; *tournez*, que je vous écrivisse; *nihil habebam quod ad te scriberem.*

II. Quand *à* peut se tourner par *si*, on l'exprime en latin par *si*.

Exemple.

A l'entendre parler, vous diriez... *tournez*, si vous l'entendiez parler... *quem si loquentem audies, dicas...*

REMARQUE. On met élégamment en latin le présent du subjonctif, au lieu de l'imparfait.

III. Quand *à* peut se tourner par *pour*, on l'exprime par *ut* avec le subjonctif; et s'il suit une négation, c'est par *ne*.

Exemples.

A dire vrai; *tournez*, pour dire vrai; *ut verum dicam.*
A ne point mentir, *ne mentiar.*

Être *homme à ... femme à....* tournez, *être celui, celle qui...*

RÈGLE. *N'être pas homme à... femme à... capable de...* se tournent par *n'être pas celui, celle qui*, et s'expriment par *non is qui, non ea... quæ*, avec le subjonctif, et le second verbe est toujours à la même personne que le premier.

Exemples.

Je ne suis pas homme à reculer, *non is sum qui pedem referam.*

Votre mère n'est point femme à élever mal ses enfans, *non ea est tua mater quæ liberos suos malè instituat.*

Si *être* ou *n'être pas capable* a pour nominatif un nom de chose inanimée, on l'exprime par *non posse, non possum*, etc. Ex. Tous les trésors du monde ne sont pas capable de satisfaire son avarice, *thesauri quilibet illius avaritiam satiare non possunt.*

Préposition POUR.

Pour s'exprime de différentes manières, suivant ses différentes significations.

I. Quand *pour* signifie *envers*, il s'exprime par *in* ou *ergà* avec l'accusatif.

Exemple.

Mon zèle pour vous, *meum in te* ou *ergà te studium*.

II. Quand *pour* peut se tourner par *de*, on le rend par le génitif.

Exemples.

L'amour pour la liberté nous est naturel ; tournez, l'amour de la liberté..... *amor libertatis nobis est innatus*.

III. Quand *pour* signifie *au lieu de*, il s'exprime par *pro* avec l'ablatif ou par *loco* avec le génitif.

Exemple.

Pour une épée, il prit un bâton, *pro gladio*, ou *loco gladii fustem sumpsit*.

IV. Quand *pour* signifie *à cause de*, il s'exprime par *ob* ou *propter* avec l'accusatif.

Exemple.

Je l'aime pour sa modestie, *illum propter modestiam amo*.

V. Si *pour* signifie *sur* ou *touchant*, il s'exprime par *de* avec l'ablatif.

Exemples.

Il se fâche pour rien, *de nihilo irascitur*.
Pour de très-bonnes raisons, *maximis justissimisque de causis*.

VI. Quand *pour* signifie *pour l'amour de*, il se rend par *causâ* ou *gratiâ* avec le génitif.

Exemples.

Je ferai volontiers cela pour lui, *id libenter illius causâ faciam* : pour vous, *tuâ causâ*. (Au lieu des génitifs *meî*, *tuî*, on dit *meâ*, *tuâ*, devant *causâ*).

VII. Quand *pour* marque l'intention, le motif, il se rend par *in* avec l'accusatif.

Exemple.

Employez tous vos soins pour votre santé, *omnem curam in valetudinem tuam confer*.

VIII. *Pour* signifiant *à l'avantage* ou *désavantage de*, se rend en latin par le datif.

Exemples.

Je craignois pour votre vie, *vitæ tuæ metuebam*.

Demander grâce pour quelqu'un, *veniam alicui petere*.

IX. *Pour* devant un infinitif, s'exprime par *ad* avec le gérondif en *dum*, ou par *ut* avec le subjonctif, ou par *causâ*, *gratia* avec le gérondif en *di*.

Exemple.

Il se leva pour répondre, *surrexit ad respondendum*, ou *ut responderet*, ou *respondendi causâ*.

On se sert aussi quelquefois du futur en *rus*, *ra*, *rum*, que l'on fait accorder avec le nominatif ; *surrexit responsurus*.

Si *pour* est suivi d'un comparatif, au lieu de *ut*, on se sert de *quò*.

Exemple.

Reposez-vous pour mieux travailler, *otiare quò melius labores*.

Quand *pour* est accompagné d'une négation, il se rend par *ne* avec le subjonctif.

Exemple.

Pour ne pas vous ennuyer, *ne vobis tædium afferam*.

X. Si *pour* devant un infinitif peut se tourner par *qui*, *que*, on l'exprime par *qui*, *quæ*, *quod*, avec le subjonctif. *Exemple.*

Il m'envoya quelqu'un pour m'avertir; tournez, quelqu'un qui m'avertît, *misit hominem qui me moneret*.

XI. *Pour* devant le parfait de l'infinitif, suivi de ces mots, *ce n'est pas à dire pour cela que*... se tourne par *quoique*.

Exemple.

Pour avoir salué les méchans, ce n'est pas à dire pour cela que je sois méchant, *quàmvis improbos salutaverim, non continuò sum improbus*.

XII. *Pour peu que* se tourne par *si peu que*, et s'exprime par *si vel minimùm*.

Exemple.

Pour peu que vous vouliez réfléchir, vous comprendrez la chose, *si vel minimùm cogitare volueris, rem perspicies*.

XIII. *Pour*, dans ces façons de parler, *pour moi*, *pour vous*, se rend par *verò*, que l'on met après le pronom.

Exemples.

Pour moi, je suis prêt, *ego verò sum paratus.*

Pour vous, il vous importe, *tuâ verò interest..*

XIV. *Pour*, signifiant *eu égard à...* se rend en latin par *ut*, et quelquefois par *pro*, qui gouverne l'ablatif.

Exemples.

Il avoit assez de littérature pour un Romain, c'est-à-dire, eu égard à un Romain, *erant multæ ut in homine Romano litteræ.*

Il étoit assez habile pour ce temps-là, *erat ut illis temporibus eruditus.*

Il est assez savant pour son âge, *pro ætate satis est eruditus.*

Préposition SANS *devant un infinitif français.*

I. I.ʳᵉ RÈGLE. Quand le verbe qui précède *sans*, n'a ni négation ni interrogation, on tourne *sans* par *et ne pas*, et on l'exprime par *nec*.

Exemple.

Il est sorti sans fermer la porte; *tournez*, et il n'a pas fermé la porte; *exiit nec fores clausit.*

II. II.ᵉ RÈGLE. Quand le premier verbe est accompagné d'une négation ou d'une interrogation, on tourne *sans* par *que ne*, et on l'exprime par *quin* ou *nisi*.

Exemple.

Personne ne devient savant, *ou* qui peut devenir savant sans lire beaucoup; *tournez*, qu'il ne lise.... *nemo fit doctus, quis potest doctus fieri, quin multa legat ?*

REMARQUE. On tourne aussi quelquefois *sans* par *avant que*, *priusquàm*. Je ne partirai pas sans vous avoir dit adieu; *tournez*, avant que je vous aie dit adieu; *non proficiscar priusquàm tibi vale dixerim.*

Différentes manières d'exprimer la préposition SANS *devant un infinitif.*

1.° Par un nom dérivé d'un verbe. Sans pleurer, *sinè lacrymis.* Sans craindre, *sinè metu.*

2.º Par un adjectif. Passer la nuit sans dormir, *noctem insomnem ducere*. Sans blesser sa conscience, *salvâ fide*. Sans se plaindre, *æquo animo*.

3.º Par un adverbe. Sans faire semblant de rien, *dissimulanter*. Sans y penser, *temerè*, *imprudenter*.

4.º Par un participe. Vous comprenez cela sans que je vous le dise ; *id etiam, me tacente, intelligis*. Sans rire, *remoto joco*. Sans tarder, *nullâ interpositâ morâ*.

Après *suivi d'un nom.*

I. Règle. *Après* s'exprime par *post* avec l'accusatif. Après le dîner, *post prandium*.

Quand *après* marque la seconde place, le second rang, on l'exprime par *secundùm* avec l'accusatif, ou par *à* ou *ab* avec l'ablatif.

Exemple.

Après Cicéron, il est, sans contredit, le premier des orateurs : *secundùm Ciceronem*, ou bien *à Cicerone est oratorum facilè princeps*.

Après, signifiant *immédiatement après*, s'exprime par *sub* avec l'accusatif.

Exemple.

Après cette lettre, on lut la vôtre, *c'est-à-dire*, immédiatement après cette lettre.... *sub eas litteras, recitatæ sunt tuæ*.

Après *suivi d'un infinitif français.*

II. Règle. *Après*, suivi du parfait de l'infinitif actif, se tourne par *après que*, et s'exprime par *postquàm, quùm* ; et le verbe se met à différens temps de l'indicatif, de cette manière :

Exemples.

Après avoir lu j'écris, *c'est-à-dire*, après que j'ai lu.... *postquàm legi, scribo*.

Après avoir lu, j'écrivois, *c'est-à-dire*, après que j'avois lu.... *postquàm legeram, scribebam*.

Après avoir lu, j'ai écrit, *c'est-à-dire*, après que j'eus lu.... *postquàm legi, scripsi*.

Après avoir lu, j'écrirai, *c'est-à-dire*, après que j'aurai lu... *postquàm legero, scribam*.

— AVANT *suivi d'un infinitif français.*

RÈGLE. *Avant* suivi d'un infinitif, se tourne par *avant que*, antequàm, priusquàm, avec le subjonctif, de cette manière.

Exemples.

Je lis, je lirai avant d'écrire; *tournez*, avant que j'écrive; *lego, legam, antequàm scribam.*

Je lisois, j'ai lu, j'avois lu avant d'écrire; *tournez*, avant que j'écrivisse; *legebam, legi, legeram, antequàm scriberem.*

Avant, suivi d'un parfait de l'infinitif, peut se rendre par un participe du passé, en y ajoutant une négation. *Ex.* Il est parti avant d'avoir terminé l'affaire, c'est-à-dire, l'affaire n'étant pas terminée, *infecto negotio profectus est.* (*In* ajouté à un adjectif équivaut à *non*).

AU LIEU DE *suivi d'un nom.*

I. *Au lieu de* s'exprime par *pro* avec l'ablatif, ou par *loco* avec le génitif.

Exemple.

Au lieu d'épée, il se servit d'un bâton, *pro gladio* ou *loco gladii fuste usus est.*

AU LIEU DE *suivi d'un infinitif.*

II. 1.º On le tourne par *lorsque je devrois, tu devrois, il devroit....* quand il y a obligation de faire la chose.

Exemple.

Au lieu de lire, il joue; *tournez*, lorsqu'il devroit lire, *quùm legere deberet, ludit.*

2.º On le tourne par *lorsque je pourrois, tu pourrois, il pourroit....* quand il n'y a qu'une simple permission de faire la chose.

Exemple.

Au lieu de jouer, il lit; *tournez*, lorsqu'il pourroit jouer... *quùm posset ludere, legit.*

III. *Au lieu de* précédé d'un verbe à l'impératif, s'exprime par *non autem*, et le second verbe se met aussi à l'impératif en latin.

Exemple.

Lisez au lieu de badiner; *tournez*, lisez et ne badinez pas, *lege, non autem nugare.*

IV. *Au lieu que* se tourne par *au contraire*, et s'exprime par *verò*, *autem*, que l'on met après un mot.
Exemple.
Il lit, au lieu que vous badinez ; *tournez*, vous au contraire vous badinez, *legit ille, tu verò nugaris*.

V. Quand *au lieu de*, suivi d'un infinitif, peut se tourner par *bien loin de*, on l'exprime de même.

Bien loin de suivi d'un infinitif.

Règle. *Bien loin de*, suivi d'un infinitif, s'exprime par *nedùm* avec le subjonctif, et le membre de phrase où il se trouve, devient le second.
Exemple.
Bien loin de m'aimer, il me regarde à peine ; *tournez*, il me regarde à peine, bien loin qu'il m'aime, *vix me aspicit, nedùm amet*.

CHAPITRE SIXIÈME.

Conjonctions françaises.

La principale conjonction française est *Que* ; nous en avons parlé dans différens articles.

Si conditionnel.

I. *Si* au commencement d'une phrase, se traduit par *si*, et veut le subjonctif devant un imparfait ou un plusque-parfait.
Exemple.
Si vous le faisiez, si vous l'aviez fait pour l'amour de moi, *id si faceres, si fecisses causâ meâ*.

I. Remarque. Quelquefois au lieu de répéter *si*, on met *que* en français.
Exemple.
Si vous aviez voulu, et que vous eussiez pu, *si voluisses et potuisses*.

II. Remarque. Quand le second verbe est au futur, il vaut mieux mettre aussi le premier au futur en latin. *Ex.* Si vous lisez ce livre, j'en serai charmé, *quem librum si leges, lætabor*.

II. Quand *si* est suivi de *ne* seulement, on le traduit par *nisi* ave le subjonctif.

Exemple.
Si vous ne prenez garde, *nisi caveas.*

III. Quand *si* est suivi de *ne pas, ne point,* on le traduit par *si non, si minùs ;* et ces mots, *au moins, du moins, pour le moins,* s'expriment par *saltem, at certè, ut minimùm.*

Exemple.
Si vous ne craignez pas les hommes, au moins craignez Dieu, *si non homines, at certè Deum time.*

IV. *Si* signifiant *quand, parce que,* ne veut pas le subjonctif : ce qui arrive, lorsqu'il est suivi de deux imparfaits ou de deux parfaits.

Exemple.
Si je l'appelois, il s'en alloit, *tournez,* quand je l'appelois.... *quem si arcessebam, abibat.*

REMARQUE. *Que si* s'exprime par *quòd si ; mais si,* par *sin, sin autem ; si au contraire, si cela n'étoit pas,* par *sin aliter, sin minùs.*

Si ce n'est que, à moins que, par *nisi, nisi fortè, nisi verò, nisi si, si ce n'est,* suivi d'un nom, par *nisi,* et même cas que devant, ou par *præter* avec l'accusatif.

SI *dubitatif.*

Si après les verbes de doute, comme *douter si, examiner si, ne pas savoir si, délibérer si, demander, juger, dire, s'informer si,* etc., s'exprime par *an, utrùm. Ou si,* s'exprime par *an. Ou non* s'exprime par *an-non, nec-ne.*

Exemple.
Elle demanda si elle étoit plus grosse que le bœuf, *interrogavit an esset latior bove.*

Je ne sais s'il dort ou s'il écoute, *nescio utrùm dormiat, an audiat.* S'il dort ou non, *an dormiat, nec-ne.*

COMME, DE MÊME QUE.

I. *Comme, de même que,* dans le premier membre d'une comparaison, s'expriment par *ut,* ou *quemadmodùm,* avec l'indicatif, et *de même,* dans le second membre, s'exprime par *sic* ou *ità.*

Exemple.
Comme le feu éprouve l'or, de même l'adversité

éprouve l'homme courageux, *ut* ou *quemadmodum ignis aurum probat, sic* ou *ità miseria fortes viros.*

II. *Comme* signifiant *pendant que, puisque* se rend par *quùm*, et il veut le subjonctif.

Exemples.

Comme on le menoit au supplice.... tournez, pendant qu'on le.... *Quùm ad supplicium duceretur.*

Comme la chose est ainsi, c'est-à-dire, puisque la chose est ainsi, *quùm ità se res habeat.*

Différentes locutions françaises.

ALLER, DEVOIR, IL FAUT, *suivis d'un infinitif.*

I. Quand *aller, devoir*, suivis d'un infinitif, marquent seulement qu'une chose est près de se faire ; on n'exprime pas le verbe *aller, devoir*, mais on met le verbe suivant au participe du futur, avec le verbe *sum, es, est*, que l'on met au même temps où le verbe *aller* est en français.

Exemples.

Je vais ou je dois partir, *mox profecturus sum.*

Il devoit partir, *profecturus erat.*

La ville doit être pillée demain, *urbs cras diripienda est.*

II. Quand les verbes *devoir, il faut*, marquent obligation, on tourne la phrase par le passif, et l'on se sert du futur en *dus, da, dum*.

Exemple.

Il faut réprimer ses passions ; tournez, les passions doivent être réprimées, *comprimendæ sunt libidines.*

Exprimez de même, par le participe en *dus, da, dum*, avoir besoin, suivi d'un infinitif.... Il a besoin d'être excité au travail, *is ad laborem est incitandus.*

III. Si le verbe qui suit *devoir, il faut*, ne gouverne pas l'accusatif, servez-vous du participe neutre en *dum*, avec *est* ; et mettez au cas du verbe le nom ou le pronom suivant.

Exemple.

Il faut servir Dieu, *serviendum est Deo.* (Le verbe *servir* gouverne le datif).

(On peut aussi se servir de *debere, oportet. Oportet Deo servire*).

Tant s'en faut que.... être si éloigné de....

Tant s'en faut que s'exprime par *tantùm abest*, et les deux *que* suivans par *ut* avec le subjonctif.
Exemple.
Tant s'en faut qu'il vous haïsse, qu'au contraire il vous aime, *tantùm abest ut te oderit, ut contrà te amet.*

On peut exprimer *tant s'en faut que* par *adeò non*, et le second *que* par *ut*. *Adeò non te odit, ut contrà te amet.* On peut encore le tourner par *bien loin de*, et l'exprimer de même : *te amat, nedùm oderit.*

Peu s'en faut, il s'en faut peu que.

Peu s'en faut, il ne tient à rien que, s'expriment par *parùm abest*, et *que* par *quin* avec le subjonctif.
Exemples.
Peu s'en faut que je ne sois très-malheureux, *parùm abest quin sim miserrimus.*

Peu s'en est fallu qu'il ne tombât, *parùm abfuit quin caderet.*

On peut encore exprimer *peu s'en est fallu* par *tantùm non*, ou par *penè*. *Ex.* Peu s'en est fallu qu'il ne tombât ; *tournez*, seulement il n'est pas tombé, *tantùm non cecidit*, ou il est presque tombé, *penè cecidit.*

Penser, faillir, manquer, suivis d'un infinitif, s'expriment de même que *peu s'en faut*. *Ex.* Il a *pensé* tomber, il a *failli*, il a *manqué* tomber ; *tournez*, peu s'en est fallu qu'il ne tombât, ou il est presque tombé, etc.

Il s'en faut beaucoup que.... être bien éloigné de.

Il s'en faut beaucoup, s'exprime par *multùm abest....* *combien s'en faut-il* par *quantùm abest* ; et le *que* suivant par *ut* avec le subjonctif.
Exemple.
Il s'en faut beaucoup que vous surpassiez vos condisciples, *multùm abest ut tuos superes condiscipulos.*

Cette façon de parler, *faut il que*, mise par exclamation ne s'exprime pas, on met le nom ou pronom à l'accusatif, et le verbe suivant à l'infinitif. *Ex.* Faut-il que je sois si malheureux ! *Me-ne ità miserum esse.*

Faire *suivi d'un infinitif français.*

I. Quand le verbe *faire* signifie *faire en sorte*, on l'exprime par *facere* ou *dare operam ut*, avec le subjonctif.

Exemple.

Faites-moi savoir ; *tournez*, faites en sorte que je sache, *fac ut sciam.*

Faire connoître, quand il a pour nominatif un nom de chose inanimée, se tourne de la manière suivante :

Exemple.

Votre lettre m'a fait connoître ; *tournez*, j'ai connu par votre lettre, *ex litteris tuis cognovi.*

II. Quand *faire* signifie *contraindre*, *commander*, *engager*, on l'exprime par *cogere*, *jubere*, *impellere*.

Exemples.

Vous me faites mourir, *c'est-à-dire*, vous me contraignez.... *Mori me cogis.*

Il le fit tuer, *c'est-à-dire*, il ordonna qu'il fût tué, *jussit eum occidi.* (Après *jubeo* on met toujours le verbe au présent de l'infinitif).

Cela m'a fait croire, *c'est-à-dire*, cela m'a engagé à croire, *id me impulit ut crederem.*

III. *Ne faire que de* se tourne par *tout-à-l'heure*, et s'exprime par *modò*.

Exemple.

Il ne fait que d'arriver ; *tournez*, il est arrivé tout-à-l'heure, *modò advenit.*

IV. *Ne faire que* se tourne par *toujours*, et s'exprime par *semper*, *perpetuò*.

Exemple.

Il ne fait que badiner ; *tournez*, il badine toujours ; *perpetuò negatur.*

V. Se faire donner quelque chose par force, *aliquid extorquere.*

Faire sa paix avec quelqu'un, *in gratiam redire cum aliquo.*

Faire espérer à quelqu'un que.... *aliquem in spem adducere.* (Le *que* se retranche).

Faire concevoir une bonne opinion de soi, *bonam sui* ou *de se spem concitare.*

Les autres significations du verbe *faire* se trouvent dans le dictionnaire.

Venir de.... devant un infinitif français.

I. *Venir de....* devant un infinitif, se tourne par *tout-à-l'heure*, modò.

Exemple.

Il vient de partir, *tournez*, il est parti tout-à-l'heure, *modò profectus est.*

II. *Venir à.... N'aller pas....* devant un infinitif, ne s'expriment pas en latin.

Exemples.

S'il vient à savoir cela, *tournez*, s'il sait cela, *id si rescierit.*

N'allez pas vous imaginer, *tournez*, ne vous imaginez pas, *ne existimes*, ou *noli existimare.*

Être près ou sur le point de....

Être près de.... devant un infinitif, se tourne par *dans peu, bientôt*, MOX *ou* JAMJAM, et le verbe suivant se met au futur en *rus, ra, rum*, pour l'actif; en *dus, da, dum*, pour le passif, avec *sum.... eram....*

Exemple.

Il étoit sur le point de prendre la ville, *mox* ou *jamjam oppido potiturus erat.* On dit encore : *in eo erat ut oppido potiretur.*

Ne manquer pas de....

I. *Ne manquer pas de....* devant un infinitif, se tourne par *certainement*, profectò.

Exemple.

Je ne manquerai pas de lui écrire; *tournez*, je lui écrirai certainement; *ad illum profectò scribam.*

II. Mais quand on commande quelque chose, *ne manquez pas* se tourne par *souvenez-vous*, memento; au pluriel mementote.

Exemple.

Ne manquez pas de l'avertir, *memento ut illum moneas.*

Laisser *devant un infinitif.*

I. *Laisser* devant un infinitif, se tourne par *per-*

mettre *que*, et s'exprime par *sinere*. (Le *que* se retranche).
Exemple.

Vos chants ne me laissent pas dormir, *cantus tui non sinunt me dormire.*

II. *Ne pas laisser de*, devant un infinitif, se tourne par *cependant*, tamen.
Exemple.

Quoique je vous attende vous-même, ne laissez pas de donner une lettre ; *quanquam te ipsum expecto, da tamen epistolam.*

S'OCCUPER à.... SE METTRE à.... SE MÊLER DE....

Les verbes *s'occuper à*, *se mêler de*, devant un infinitif, ne s'expriment pas en latin.
Exemple.

Il s'occupe à lire, *tournez*, il lit, *legit.*

Se mettre à.... devant un infinitif, s'exprime en latin par *cœpisse, cœpi*; il se mit à pleurer, *flere cœpit.*

AVOIR LA FORCE DE.... LA HARDIESSE DE....

Avoir la force de.... devant un infinitif, s'exprime par *sustinere, audere*, avec l'infinitif latin.
Exemple.

Avez-vous bien eu la force de nier cela? *Sustinuisti, ausus es id negare?*

NE SERVIR QU'À....

Ne servir qu'à.... devant un infinitif, ne s'exprime pas en latin.
Exemple.

Cela ne sert qu'à aigrir ma douleur ; *tournez*, cela aigrit.... *hoc dolorem meum exulcerat.*

SAVOIR *devant un infinitif français.*

Savoir devant un infinitif, ne s'exprime pas en latin.
Exemple.

Il sut profiter de cette occasion ; *tournez*, il profita de.... *eâ occasione usus est.*

Il me tarde de.... Je suis dans l'impatience de....

Il tarde de.... être dans l'impatience de.... s'expriment par *nihil longiùs est quàm....* avec l'infinitif, ou *quàm ut....* avec le subjonctif.
Exemple.
Il me tarde de vous voir, *nihil mihil longiùs est quàm ut te videam.*

Il ne tient qu'à.

Il ne tient qu'à moi, qu'à vous, que cela ne se fasse, *per me, per te unum stat, quominùs id fiat.*

Avoir beau....

Avoir beau.... devant un infinitif, se tourne par *en vain*, frustrà, ou *quoique*, quamvis, quanquàm.
Exemple.
Vous avez beau pleurer, *tournez*, vous pleurez en vain, *frustrà lacrymaris;* ou quoique vous pleuriez, *quanquàm lacrymeris.*

Avoir de la peine à....

Avoir de la peine à.... devant un infinitif se tourne par *difficilement*.
Exemple.
Il a eu de la peine à obtenir cela, *tournez*, il a obtenu cela difficilement, *ægrè id impetravit.*

N'avoir pas de peine a.... se tourne par *facilement*.

A force de....

A force de.... devant un infinitif, se rend par le nom dérivé du verbe, avec *multus, a, um.*
Exemple.
A force de travailler, il est devenu savant; *tournez*, par beaucoup de travail.... *multo labore doctus evasit.*

Pour ne pas dire.

Pour ne pas dire, s'exprime par *ne dicam*, et le nom ou l'adjectif suivant se met au même cas que celui

qui précède, quand on renvoie le premier verbe à la fin.
Exemple.
Vous êtes un enfant, pour ne pas dire un badin : *tu puer, ne dicam, nugator es.*

Avoir le bonheur de.... l'honneur de.... Avoir le malheur de....

Avoir le bonheur de.... l'honneur de.... s'expriment par *contingere ut...* le *malheur de...* par *accidere ut...*
Exemples.
J'ai eu le bonheur de voir mon père ; *tournez*, il m'est arrivé de, etc. *mihi contigit ut patrem meum viderem.*

J'ai eu le malheur d'être vaincu, *mihi accidit ut vincerer.*

Avoir lieu, sujet ou raison.

Avoir lieu, sujet ou *raison*, se tourne par le verbe *être*, et l'infinitif suivant se met au gérondif en *di*.
Exemple.
Vous n'avez pas lieu de craindre,.... *c'est-à-dire*, lieu n'est pas à vous de craindre : *tibi non est timendi locus.*

(On peut encore exprimer *de* par *quòd* ou *cur* avec le subjonctif : *non est quòd* ou *cur timeas*).

Vous ne sauriez croire.

Souvent le conditionnel, au commencement d'une phrase se met en latin au présent du subjonctif, sur-tout avec *volo, nolo, malo, audeo* et *possum.*
Exemples.
Vous ne sauriez me croire, *vix credas*, ou *vix credideris.*

Vous le prendriez pour un homme sage, *eum sapere putes.*

Malgré.

I. *Malgré*, devant un nom de personne, s'exprime par *invitus, a, um,* que l'on fait accorder avec ce nom.
Exemples.

Exemples.

Il a fait cela malgré lui, *id invitus fecit.*
Je l'ai renvoyé malgré lui, *illum invitum dimisi.*
J'ai fait cela malgré lui, *id illo invito feci.*

II. *Malgré*, devant un nom de chose, se tourne par *quoique* avec un verbe.

Exemple.

Il le tua malgré ses cris redoublés: tournez, quoiqu'il criât beaucoup, *illum quamvis clamitaret interfecit.*

Au haut de.... Au milieu de.... Au bas de....

Le haut, le sommet d'un arbre, d'un rocher, d'une montagne, *summa arbor, summa rupes, sumus mons.* Au haut de l'arbre, *in summâ arbore.*

Le milieu d'un arbre, d'un rocher, d'une montagne, *media arbor, media rupes, medius mons.* Au milieu du marché, *in medio foro.*

Le bas d'un arbre, d'une montagne, *ima arbor, imus mons.*

Le bout des doigts, *extremi digiti.*

Le fond de la mer, *immum mare.*

PARTIES DU DISCOURS

EN termes de grammaire, on appelle *parties du discours*, les mots dont le discours est composé, comme le nom, l'adjectif, le pronom, le verbe, la préposition, etc; et on dit *faire les parties du discours*, pour dire, expliquer un discours mot à mot, en marquant sous quelle partie du discours chaque terme doit être rangé, et à quelle règle de la syntaxe il est soumis.

On ne sauroit trop exercer les élèves à faire, de vive voix et par écrit, ces sortes de *décompositions* ou *analyses*. C'est le meilleur moyen de leur inculquer les règles de la grammaire, et de les faire avancer rapidement dans l'étude de la langue latine. Nous allons donner ici un exemple de *l'analyse du Discours*.

Romani imperii exordium.

« Proca, rex Albanorum, duos filios, Numitorem et
« Amulium, habuit. Numitori, qui natu major erat, regnum
« reliquit; sed Amulius, pulso fratre, regnavit, et ut eum
« sobole privaret, Rheam Sylviam ejus filiam Vestæ sacer-
« dotem fecit, quæ tamen Romulum et Remum uno partu
« edidit Quo cognito, Amulius ipsam in vincula conjecit,
« parvulos alveo impositos abjecit in Tiberim, qui tunc forte
« super ripas erat effusus: sed relabente flumine, eos aqua
« in sicco reliquit. Vastæ tùm in is locis solitudines erant.
« Lupa, ut famâ traditum est, ad vagitum accurrit, infantes
« linguâ lambit, ubera eorum ori admovit, matremque se
« gessit »

De viris illustribus urbis Romæ, auctore
C. F. LHOMOND.

ANALYSIS.

Exordium, (exordium, ii, *le commencement*, nom neutre au nominatif sing., c'est le nominatif de *est* ou *narratur* sous-entendu) *Imperii*, (imperium, ii, *empire*, nom neutre sing. au génitif par la règle *liber Petri*.) *Romani*, (romanus, a, um, *romain*, adjectif, au génitif singulier neutre; il s'accorde avec *imperii*, suivant la règle *Deus Sanctus*).

Proca, (Proca, æ, *Proca*, nom propre d'homme, au nominatif; il est le nominatif de *habuit*). *Rex* (rex regis, *roi*, nom masculin singulier, au nominatif, suivant la règle *Augustus imperator*. *Albanorum*, (Albani, orum, *Albains*,) nom propre de peuple, au génitif pluriel, règle *liber Petri*).

Habuit, (verbe, habeo, es, bui, bitum, here, avoir, au parf. de l'indic., troisième personne du singulier). *Filios*, (filius, ii, *fils*, nom masculin, à l'accusatif pluriel, regime du verbe *habuit*, règle *amo Deum*). *Duos*, (duo, æ, o, *deux*, adjectif de nombre, à l'accusatif masculin pluriel, il s'accorde avec *filios*, suivant la règle *Deus sanctus*). *Numitorem*, (Numitor, is, *Numitor*, nom propre d'homme, à l'accusatif, règle *Augustus imperator*). *Et*, (conjonction copulative). *Amulium*, (Amulius, ii, *Amulius*, nom propre d'homme, aussi à l'accusatif, par la règle *Augustus imperator*). *Reliquit*, (verbe actif, relinquo, is, liqui, lictum, quëre, *laisser*, au parfait de l'indicatif, troisième personne du singulier). *Regnum*, (regnum, i, *royaume*, nom neutre, à l'accusatif singulier, regime direct du verbe *reliquit*). *Numitori*, (Numitor, is, au datif, régime indirect de *reliquit*, règle *do vestem pauperi*). *Qui*, (qui, quæ, quod, *qui*, pronom relatif au nominatif masculin sing., règle *Deus qui regnat*). *Erat*, (verbe substantif, sum, es, fui, esse, *etre*, à l'imparfait de l'indicatif, troisième personne du singulier). *Major*, (major, majus, comparatif de magnus, a, um, au nominatif, règle *Deus est sanctus*). *Natu*, (ablatif absolu, d'age). *Sed*, (conjonction adversative, *mais*). *Amulius*, (Amulius, ii, nominatif de *regnavit*). *Regnavit*, (verbe neutre, regno, as, avi, atum, are, *régner*, au parfait de l'indicatif, troisième personne du singulier). *Fratre*, (frater, tris, *frère*, nom mas. sing., à l'ablatif absolu, règle *partibus factis, sic locutus est leo*). *Pulso*, (pulsus, a, um, *chassé*, participe passé de *pello*, à l'ablatif du mas. et du singulier; il s'accorde avec *fratre*, parce que les participes sont de véritables adjectifs). *Et*, (conjonction copulative). *Ut*, (conjonction causative, *afin que*; elle régit le subjonctif). *Privaret*, (verbe actif, privo, is, avi, atum, are, *priver*, à l'imparfait du subjonctif, troisième personne du singulier, il est au subjonctif à cause de la conjonction *ut* qui régit ici ce mode.) *Eum*, (is, ea, id, *le, la, lui, elle*, pronom à l'accusatif, parce qu'il est régime de *privaret*, et au masculin singulier, parce qu'il tient lieu de *Numitorem*). *Sobole*, (Soboles, is, *race*, nom feminin singulier, à l'ablatif, régime indirect de *privaret*; les verbes de *privation* veulent leur régime indirect à l'ablatif sans préposition, règle *nudare aliquem præsidio*). *Fecit*, (verbe actif, facio, is, feci, factum, cere, *faire*, au parfait de l'indicatif, troisième personne du singulier). *Rheam Sylviam*, (Rhea Sylvia, Rheæ Sylviæ, nom propre de femme, à l'accusatif, c'est le régime direct de *fecit*, règle *amo Deum*). *Filiam*, (filia, æ, *fille*, nom feminin singulier, à l'accusatif, règle *Augustus imperator*). *Ejus*, (is, ea, id, *lui, elle*, pronom au génitif: quand *son, sa, ses, leur, leurs*, ne se rapportent pas au nominatif du verbe, ils s'expriment par *ejus, eorum, earum*). *Sacerdotem*, (sacerdos, otis, *prêtresse*, nom féminin singulier à l'accusatif, règle *Augustus imperator*). *Vestæ*, (Vesta, æ, *Vesta*, nom propre de déesse, au génitif, regle *liber Petri*). *Quæ*, (qui, quæ, quod, *lequel*, *laquelle*, pronom relatif qui se rapporte à *Rhea Sylvia*, au nominatif féminin et singulier, regle *Deus qui regnat*). *Tamen*, (conjonction adversative, *cependant*). *Edidit*, verbe actif, edo, is, didi, ditum, edere, *enfanter*, *mettre au monde*, au parfait de l'indicatif, troisième personne du singulier). *Romulum*, (Romulus, i, *Romulus*, nom propre d'homme, à l'accusatif, c'est le régime direct de *edidit*). *Et*, (conjonction copulative) *Remum*, (Remus, i, *Remus*, nom propre d'homme à l'accusatif; c'est encore un regime direct du verbe *edidit*). *Partu*, (Partus, ûs, *couche*, *enfantement*, nom masculin singulier à l'ablatif; les noms de *manière* se mettent à l'ablatif sans préposition). *Uno*, (unus, a, um, *un seul*, adjectif de nombre, à l'ablatif masculin singulier; il s'accorde avec *partu*, règle *Deus sanctus*). *Quo* (qui, quæ, quod, qui, *lequel*, *cela*, à l'ablatif sing. neut. ; il est à l'abl., parce que c'est un abl. absolu, règle *partibus factis*, etc. ; il est au neut., parce que l'adjectif qui ne se rapporte à aucun nom, se met au neutre. (On sous-entend ici *negotio*). *Cognito*, (cognitus, a, um, *connu*, participe passé de *cognosco*, à l'ablatif du singulier et du neutre; il s'accorde avec *quo*). *Amulius*, (Amulius, ii, au nominatif; il est le nominatif de *conjecit*) *Conjecit*, (verbe actif, conjicio, is, jeci, jectum, jicere, *jeter*, au parfait de l'indicatif, troisième personne du singulier). *Ipsam*, (ipse, a, um, *le*, *la*, *lui*, *elle*, pronom à l'accusatif, du féminin et du singulier; il est à l'accusatif, parce que c'est le régime direct de *conjecit*, et il est du féminin et singulier, parce qu'il tient lieu de *Rhea Sylvia*). *In*, (préposition). *Vincula*, (vinculum, i, *fer*, *chaîne*, nom neutre à l'accusatif pluriel, régime de la préposition *in*). *Abjecit*, (verbe actif, abjicio, is, abjeci, ctum, ere, *jeter*, *faire jeter*, au parfait de l'indicatif, troisième personne du singulier). *Parvulos*, (parvulus, i, *petit enfant*, nom masculin, à l'accusatif pluriel, régime direct de *abjecit*). *Impositos*, (impositus, a, um, *mis dans*, participe passé du verbe *impono*, à l'accusatif masculin pluriel; il s'accorde avec *parvulos*). *Alveo*, (alveus, i, *nacelle*, nom masculin singulier, à l'ablatif, régime de la préposition *in* sous-entendue). *In*, (préposition). *Tiberim*, (Tiberis, is, *le Tibre*, nom propre de fleuve, à l'accusatif, regime de la préposition *in*). *Qui*, (qui, quæ, quod, qui, pronom relatif du masculin et du singulier; il s'accorde en genre et en nombre avec son antécédent *Tiberim*, et il est au nominatif, parce que c'est le nominatif de *erat*). *Erat*, (verbe auxiliaire sum, es, fui esse, *être*, à l'imparfait de l'indicatif, troisième personne du singulier). *Tunc*, (adverbe de temps, *alors*). *Fortè*, (adverbe, *par hasard*). *Effusus*, effusus, a, um, *répandu*, *debordé*, participe passé de *effundo*, du masculin et du singulier, parce qu'il s'accorde avec le pronom *qui*, et au nominatif par la regle *Deus sanctus*). *Super*, (préposition, *sur*). *Ripas*, (ripa, æ, *rive*, *bord*, nom fém a l'accusat. pluriel, régime de la préposition *Super*). *Sed*, (conjonction adversative, *mais*). *Flumine*, (flumen, inis, *fleuve*, nom neutre, à l'ablatif absolu). *Relabente*, (verbe déponent, relabor, eris, lapsus sum, abi, *retomber*, *se retirer*, au participe présent, à l'ablatif; il s'accorde avec *flumine*). *Aqua*, (aqua, æ, nom féminin singulier, au nominatif; c'est le nominatif de *reliquit*). *Reliquit*, (verbe actif, relinquo, is, liqui, lictum, quere, *laisser*, au parfait de l'indicatif, troisième personne du sing.). *Eos*, (is, ea, id, *le*, *lui*, *elle*, pronom à l'acc. masculin pluriel; il est à l'accusatif, parce qu'il est régime direct de *reliquit*, et il est au masc. pluriel, parce qu'il se rapporte à *parvulos*). *In*, (préposition). *Sicco*, (siccus, a, um, *sec*, adjectif a l'ablatif, régime de *in*, et il s'accorde avec *loco* sous-entendu). *Solitudines*, (solitudo, inis, *solitude*, *desert*, nom fém plur. au nominatif, il est le nominatif de *erant*). *Vastæ*, (vastus, a, um, *vaste*, adjectif feminin pluriel, au nominatif; il s'accorde avec *solitudines*, règle *Deus sanctus*) *Erant*, (verbe substantif, sum, es, fui, esse, *être*, à l'imparfait de l'indicatif, troisième personne du pluriel). *Tùm*, (adverbe de temps, *alors*). *In*, (préposition). *Locis*, (locus, i, masculin, plur. loci, masculin, loca, orum, neutre à l'ablatif pluriel, regime de *in*). *Iis*, (is, ea, id, *ce*, pronom à l'ablatif pluriel, il s'accorde avec *locis*). *Lupa*, (lupa, æ, *louve*, nom féminin singulier au nominatif, c'est le nominatif de *accurrit*). *Accurrit*, (verbe neutre, accurro, is, ri, sum, ere, *accourir*, au parfait de l'indicatif, troisième personne du singulier). *Ad*, (préposition, *à*). *Vagitum*, (vagitus, ûs, *cri d'enfans*, nom masculin à l'accusatif singulier, régime de *ad*). *Ut*, (adverbe, *comme*). *Traditum est*, (verbe impersonnel, *on raconte*, *il est rapporté*). *Famâ*, (fama, æ, renommée, nom féminin, à l'ablatif singulier, règle *mœrore conficior*). *Lambit*, (verbe actif, lambo, is, bi, ere, *lécher*, au parfait de l'indicatif, troisième personne du singulier). *Infantes*, (infans, tis, *enfant*, nom masculin à l'accusatif pluriel, régime direct du verbe *lambit*). *Linguâ*, (lingua, æ, *langue*, nom féminin singulier à l'ablatif, parce que c'est le nom de la partie, règle *teneo lupum auribus*). *Admovit*, (verbe actif admoveo, es, movi, motum, ere, *approcher*, au parfait de l'indicatif, troisième personne du singulier). *Ubera*, (uber, eris, *mamelle*, nom neutre à l'accusatif pluriel, régime direct de *admovit*). *Ori*, (os, oris, *bouche*, nom neutre au datif, régime indirect de *admovit*, règle *do vestem pauperi*). *Eorum*, (is, ea, id, *lui*, *elle*, *eux*, *elles*, *leur*, *leurs*, au génitif masculin pluriel; quand les pronoms *son*, *sa*, *ses*, *leur*, *leurs*, ne se rapportent pas au nominatif du verbe, ils s'expriment par *ejus*, *eorum*, *earum*). *Que*, (conjonction copulative qui se met toujours après un nom). *Gessit*, (verbe actif, gero, is, gessi, gestum, ere; lorsqu'il est accompagné du pronom réfléchi *se*, il signifie *se montrer comme*, *faire le devoir de*, etc., il est ici au parfait de l'indicatif, troisième personne du singulier). *Se* (suî, sibi, se, soi, pronom réfléchi, à l'accusatif, regime de *gessit*, règle *superbus se laudat*). *Matrem* (mater, tris, mère, nom féminin à l'accusatif sing., règle *Augustus imperator*).

FIN.

TABLE ALPHABETIQUE
DES MATIÈRES.

A

A devant un infinitif, pages 106 et 202
Ablatif absolu, 145 et 183
Actifs qui ont deux regimes, 119
Adjectifs; leur accord avec le nom, 102
Adjectif qui a rapport à deux noms, 103
ADVERBES, 94
Adverbes de lieu, (Tableau des) 153
Adverbes, (Syntaxe des) *ibid*
Adverbes de quantité, 186
A force de, 215
Aller, suivi d'un infinitif, 210
À moins que.... 209
Amphibologie, 169
A peine... que... 199
Analyse, 223
Appréhender que... 162
Après, suivi d'un infinitif, 206
A proportion que... 194
A qui, de qui, dont, par qui, 16
A quoi tient-il que.. 164
Arriver que.. 160
Assez, suivi de *pour*, 198
Assez peu pour, 199

Attendre que, pages 165
Avant de, suivi d'un infinitif, 207
Avertir de ou que, 161
Au lieu de, au lieu que, 207
Avoir beau, devant un infinitif, 215
Avoir honte de ou que, 165
Avoir lieu ou raison de, 216
Avoir la force de, 214
Avoir le bonheur de, 216
Avoir peur de ou que, 162
Avoir soin, suivi d'un infinitif, 160
Aussi... que, 191
Aussi grand... que, 198
Aussi, autant qu'homme du monde, 192
Aussitôt que, 199
Autant, autant que, 12
Autant que jamais, 193
Autre, autrement que, 178
Ayant, devant un verbe actif, 184
Ayant, devant un verbe neutre, *ibid*
Ayant été, devant un verbe neutre ou déponent, *ibid*
Ayant, suivi d'autant, *ibid*

B

Beaucoup, 187
Bien loin de ou que, 208

C

Capable de... homme ou femme à... 203
Celui-ci, celui-là, 180
Celui, celle, suivis d'un génitif, 182

Ce n'est pas à dire pour cela que, 182
Ce n'est pas que, ibid
Ce qui, ce que, suivis de c'est, 183
C'est ainsi que, 182
C'est, suivi de que de, 183
Combien grand, 186
Combien entre deux verbes, 167
Combien s'en faut-il que, 211
Commander de ou que, 160
Comme, au commencement d'une phrase, 209
Comparatifs, 24
Comparatifs, (Syntaxe des) 108
CONJONCTIONS, 98
Conjonctions, (Syntaxe des) 154
Conseiller de ou que, 160
Craindre que, 162

D

D'autant plus, d'autant moins, 193
De, entre deux noms, 100
De, suivi d'un infinitif, 102
Défendre de ou que, 164
Degrés de signification, 24
Demande et réponse, 142
De même... que, 209
Deus sanctus, 102
Deux noms de suite, 100
Deux verbes de suite, 130
Devoir, suivi d'un infinitif, 210
Digne de ou que, 163
Dissuader de, 162
Dont, de qui, à qui, par qui, 135
Douter que, se douter que, 165

E

Ego audio, 111
Elle, elles, après un que retranché, 173
Empêcher de ou que, 164
En, y, joints à un verbe, 138
Espérer, suivi d'un infinitif, 160
Est-ce à dire pour cela que... 182
Est-ce ainsi que, ibid
Étant, devant un verbe neutre, 183
Étant, suivi d'aussi, 184
Être bien éloigné de, 211
Être si éloigné de, ibid
Être cause que, 165
Être homme ou femme à, 202
Être sur le point de, 213
Être surpris que, 164
Être trop... pour, 199

F

Faire ; différentes façons de l'exprimer, 212
Faire en sorte de ou que, 160
Falloir, suivi d'un infinitif, 212
Formation des temps des verbes actifs, 54
Formation des temps des verbes passifs, 68
Fort, joint à un adjectif, 187
Futur de l'indicatif après un que retranché, 158
Futur de l'indicatif après ut, nè, quin, 167

H

Homme ou femme à... capable de... 202

DES MATIÈRES.

Il, ils, elle, après un *que* retranché, 173
Il arrive que, 160
Il est nécessaire, il est juste que, *ibid*
Il faut que, *ibid*
Il faut, suivi d'un infinitif, 210
Il importe, il est de l'intérêt que, 160
Il y a, il y avoit, 200
Il me tarde de, 215
Il ne s'en faut rien que, 211
Il ne tient à rien que, *ibid*.
Il ne tient pas à moi que, 164
Il ne tient qu'à moi que, 215
Il semble, il paroît que, 171
Il s'en faut peu que, 211
Imparfait de l'indicatif après un *que* retranché, 157
Imparfait du subjonctif, après un *que* retranché, 159
Imparfait du subjonctif, après *ut, ne, quin*, 167
Infinit f après un adjectif, 105
Interdico, son régime, 129
INTERJECTIONS, 99

L

Laisser, devant un infinitif, 213
Le, la, les, lui, leur, joints à un verbe, 137
Le même que, 177
Le premier, le second, 180
L'un, l'autre, 179
Leur, leurs, joints à un nom, 173
L'un ou l'autre, l'un des deux, 179

M

Mais si, si au contraire, 209
Manquer, devant un infinitif, 211
Me, te, nous, vous, se, même, 137
Même que, 177
Menacer, suivi d'un infinitif, 160
Mériter de ou que, 163
Moins, répété, 194
Moins on... plus on... *ibid*.

N

N'avoir garde de, 163
Ne faire que, 212
Ne faire que de, *ibid*.
Ne pas laisser de, 214
Ne manquer pas de, 213
Ne pas même, non pas même, 177
Ne pas.. plutôt, 200
Ne servir qu'à, 214
Ni l'un ni l'autre, 179
Nominatif des verbes, 111
Noms collectifs, 112
Noms partitifs, 111
Noms composés de deux mots, 18
Noms de nombre, 23
Noms de l'instrument, de la manière, etc. 148
Noms de la matière, 147
Noms de mesure, de distance, *ibid*
Noms du prix, de la valeur, 148
Non pas tant pour... que pour... 197
Non que, non pas que, 182

O

Observations sur *rus* et *domus*, 153
On, 170
On dit, on croit, on rapporte que, 171

P

Parfait du subjonc. après un que retranché, 157
Parfait du subjonc. après *ut, ne, an, quin*, 167
Par qui, 136
PARTICIPES, 92
Participes, (Syntaxe des) 144
Parties du discours, 218
Par inf.; leur régime, 111
Penser, suivi d'un infinitif 211
Persuader de ou que, 160
Peu, 187
Peu s'en faut que, 211
Plus 187
Plus ou moins répété 194
Plus ou, ibid
Plusque-parfait du subjonctif après un *que* retranché, 158
Plusque-parfait, *ut, ne, an, quin*, 167

Plutôt que, 200
Pour, devant un nom, 203
Pour, devant un infinitif, 204
Pour ne pas dire, 215
Pour peu que, 204
Prendre garde que, 162
PRÉPOSITIONS, 96
Prépositions, (Syntaxe des) 146
Présent du subjonctif, après un *que* retranché, 158
Présent du subjonctif, après *ut, ne, an, quin*, 167
Prier de, 162
Promettre, suivi d'un infinitif, ibid
PRONOMS, 26
Pronoms, (Syntaxe des) 132

Q

Quand on, 171
Que relatif, 133
Que ou de, après *conseiller*, etc. 160
Que, après *à peine*, 199
Que, entre deux négations, 186
Que, après les noms de temps, 200
Que, après *autre, autrement*, 178
Que, après *tel*, 176
Que, après *le même*, 177
Que ou qui, après un superlatif, 195

Que, après *plutôt*, 200
Que d'imitation, 186
Que d'désir, 185
Que d'interrogation, adverbe, ibid
Que retranché, 156
Quelque suivi de *qui* ou *que*, 180
Questions de lieu, 150
Questions de temps, 148
Qui que ce soit, 180
Qui relatif, 133
Qui devant *pœnitet*, 134
Qui et que d'interrogation, 139

R

Régime des verbes, 113
Régime des verbes actifs, 114
Régime des verbes passifs, 124
Régime des verbes neutres, 115
Régime des verbes déponens, 118
Régime indirect, 119
Régime de *cælo, rogo, doceo*, 120

Régime de *scribo, mitto, fero*, 121
Régime des verbes *demander, recevoir*, ibid
Régime des verbes *puiser à, prendre à*, ibid
Régime des verbes *apprendre, s'informer*, 122
Régime des verbes *avertir*,

informer, 123	Régime du verbe imperson-
Régime des verbes *accuser,*	nel *est*, 128
condamner, ibid.	Régime du verbe *interdico,* 129
Régime des verbes *délivrer,*	Régime des verbes *pertinet,*
racheter, 122	*spectat,* 125
Régime des verbes *d'abondan-*	Régime d'un verbe sur un
ce, de disette, etc. ibid.	autre verbe, 130
Régime de *pænitet, tædet,*	Régime de différens adjectifs,
etc. 125	104
Régime de *refert, interest,*	Régime de différens adverbes,
126	153
Régime de *misereri, oblivisci,*	Régime des comparatifs, 108
119	Régime des superlatifs, 110
Régime d'*opus est,* 129	Régime des noms partitifs,
Régime des verbes *sum, habeo,*	111
do, verto, tribuo, 117	Remercier, 164

S

Sans, devant un infinitif, 205	*Si,* au commencement d'une
S'attendre que, 165	phrase, 208
Savoir devant un infinitif, 213	*Si,* devant un adjectif, etc.
Savoir bon gré de, 165	198
Se et *même,* 138	*Si,* après les verbes de doute,
Se défendre de, 164	209
Se garder bien de, 163	Si ce n'est que, ibid
Se douter que, 166	Si grand, si petit, 198
Se mettre à, se mêler de, 214	Si l'on, 171
Se mettre peu en peine, 161	S'occuper à, 214
S'empêcher de, 164	*Son, sa, ses,* 174
S'étonner que *ou* de ce que,	Souhaiter que, 160
ibid.	SUPERLATIFS, 25
Se réjouir de *ou* que, ibid.	Superlatifs, (Syntaxe des) 110
Se repentir de *ou* que, ibid.	

T

Tant, tant que, 196	*que* retranché, 158
Tant pour.... que pour, 197	Temps du subjonctif, après
Tant, tant il est vrai que,	*ut, ne, an, quin,* 167
ibid.	*Tempus legendi,* 102
Tant s'en faut que, 211	Tout autre, 178
Tarder de, 215	Trop, 187
Tel que, 176	Trop.... pour, 199
Temps de l'infinitif, après le	Trop peu.... pour, ibid

U

Un peu, 187

V

Venir à, devant un infinitif,	*Venir de,* devant un infinitif,
213	213

Verbes,	33	Verbes qui ont deux régimes,	119
Verbes, (syntaxe des)	111 et 156	Verbes qui ont deux nominatifs,	112
Verbes actifs,	38		
leur régime,	114	Verbes irréguliers,	79
		Vous ne sauriez croire,	216

Y

Y, en, joints à un verbe, 138

FIN DE LA TABLE.

www.ingramcontent.com/pod-product-compliance
Lightning Source LLC
Chambersburg PA
CBHW051906160426
43198CB00012B/1776